ロココ刺繍

ロココスタイルの
リボン刺繍で描く
季節の植物と刺繍小物

林すま子
Sumako Hayashi

JN116552

Rococo ribbon embroidery
with classic and original design
Seasonal plant patterns
and embroidery accessories

Prologue

ロココ刺繍に出合ったのは2002年、アメリカでアンティークの買い付けをしていた頃でした。毎週末、様々なアンティーク品を目にする機会がありましたが、その中でもリボンが使われている品にとても魅力を感じました。特にロココ刺繍の繊細なデザインは私が知っている今までのリボン刺繍とは何処か違いました。

しかしその時はまだ、この刺繍がいつ頃の品なのか、リボン刺繍と何がどう違うのかわからず、謎を解こうとリボン刺繍やリボンワークに関するものを手あたり次第に探し回りました。日本に帰って来てからもこの想いが消えることはなく、少しずつ資料を集めて長い時間をかけて調べていくうちに疑問に感じていることが徐々に紐解かれていきました。

6ページでロココ刺繍についての簡単な解説を掲載していますが、ロココ刺繍は19世紀後半からリボン刺繍のリバイバルと共にフランスで人気となった刺繍です。それまでも同じような刺繍はありましたが、ロココ刺繍と呼ばれていたのは19世紀後半〜20世紀前半の短い期間のようです。戦争があり、生活スタイルが大きく変わっていく中でロココ刺繍という文字を目にすることはほとんどなくなってしまいましたが、20世紀初頭のフランスでは女性誌の中で「簡単に刺すことができる素晴らしい刺繍」として紹介されています。

本書では前半はフランスのロココ刺繍の特徴をとらえた作品、後半は私がアレンジした作品を紹介しています。また刺繍用のリボンを使ってロココトリムの再現もしています。100年程前のロココ刺繍に使われる布はクリーム色のモアレ生地が多く、私は特にこの生地が好きなのですが、現代のモアレ生地は昔のものよりも厚みがあって刺しづらいため、アレンジ作品ではリボンが通りやすい麻布を使用しました。ロココ刺繍にはたくさんの種類の花がありますが、アレンジ作品ではレンゲやスミレ、菊やタンポポなど日本の季節の移り変わりを感じさせてくれる身近な植物も自分で考えて刺しています。また、本物の植物に少しでも近づけるようにポンポンや木製ビーズなどの様々な材料も取り入れました。本来のロココ刺繍のスタイルと、今の生活スタイルに合わせてアレンジしたオリジナルロココ刺繍を楽しんでいただければと思います。

ロココ刺繍は少ないステッチで刺せるので、刺繍の苦手な方でも楽しんでいただけます。優雅な貴婦人たちの衣服や持ち物を華やかに彩ったであろう時代に思いを馳せつつ、ロココ刺繍の魅力を感じていただけると幸いです。

林すま子

Contents

ロココ刺繍とは
What is Rococo embroidery

ロココ刺繍は主に細幅のリボンを用いた刺繍です。リボン刺繍のひとつですが、その名前が示す通り、ロココ調、すなわちフランス18世紀の代表的な美術様式を取り入れたデザインが特徴となっています。18世紀のフランスはルイ15世、ルイ16世が国王だった時代であり、その時代のスタイルはルイ15世スタイル、ルイ16世スタイルとも呼ばれています。またこの時代は、ポンパドール夫人やマリーアントワネットがいた時代であり、花綱やリボン、フラワーバスケット、楽器や弓矢、鳥などをモチーフにした優美なデザインが多く見られます。18世紀の前半と後半で多少の違いはありますが全体を通して女性が

活躍していた時代ということもあり、やわらかな色、軽快でフェミニンなデザインが多く生まれました。それらの華やかで繊細なデザインが時代を超えて人々を魅了し、刺繍のデザインにも取り入れられました。

そんなロココ刺繍は19世紀後半のフランスを中心に人気が高まり、イギリスやアメリカなど他の国々にも伝えられました。ロココ刺繍という名前でフランスのモード新聞や雑誌に掲載されるようになるのは19世紀末あたりからで、当時の流行に影響を受けてこの刺繍も広がっていったようです。

ルイ16世スタイルのロココ刺繍。
どちらも20世紀初頭フランス女性誌より。

ルイ15世スタイルのロココ刺繍。

見た目が華やかなロココ刺繍ですが、使われている刺繍の技法はシンプルです。茎は1本取りのような細いラインで刺繍されていることが多く、アウトラインステッチ（ステムステッチ）、ストレートステッチ、バックステッチなどの基本的なステッチを用います。花はバラ、ワスレナグサ、マーガレットのような一重の花、スミレなどたくさんの種類があります。これらの花弁の多くはリボンを使ってストレートステッチで刺していますが、ロ

ココ刺繍の特徴でもある陰影を表現するために色使いには注意していたようです。グラデーションリボンを使ったり、花の内側と外側の色を変えたりという工夫が見られます。ポンポンローズ（Roses Pompon）というリボンに糸を縫い付けてギャザーをよせた花も古いロココ刺繍の作品で見かけます。葉も多くがストレートステッチでグラデーションリボンを使って刺しています。

Fig. 10. — Détail de la broderie rococo.

スミレの刺し方。ほぼストレートステッチで刺している様子がわかります。20世紀初頭フランス女性誌より。

アンティークのボックスに見られるポンポンローズの刺繍。

リボン以外の材料もよく用いられています。花の多くは細幅のリボンで刺しますが、シェニール糸を使ったものもロココ刺繍の作品として、当時の手芸新聞や女性誌などに掲載されています。刺繍糸、コード、シェニール糸、ビーズ、スパンコールなど様々な材料を使い、ロココスタイルの華やかさを表現しました。

ロココ刺繍とはリボン刺繍のシンプルな技法で、繊細でやわらかなロココ調のデザインを描いた刺繍と言えます。現代にはないアンティークの優美さやロマンが加味されており、新しい魅力のある刺繍として楽しめるのではないかと思います。

Classic
Rococo
Embroidery

19 世紀後半から 20 世紀前半に見られる
ロココ刺繍の図案を、
刺しやすくアレンジしながら再現したり、
オリジナルデザインを起こしました。

ロココブーケ／ロココローズ
Rococo bouquet ／ Rococo rose

ロココ刺繍の定番、バラと小花の組み合わせです。
バラの花はグラデーションと
無地のエンブロイダリーリボンを使って、立体感を出します。
Embroidery pattern ⟶ 66, 67 page.

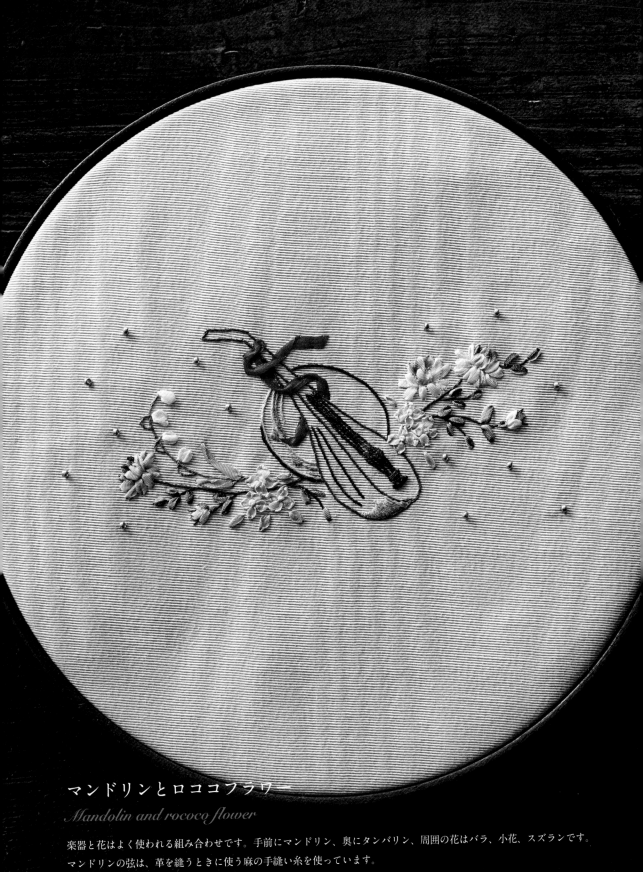

マンドリンとロココフラワー
Mandolin and rococo flower

楽器と花はよく使われる組み合わせです。手前にマンドリン、奥にタンバリン、周囲の花はバラ、小花、スズランです。
マンドリンの弦は、革を縫うときに使う麻の手縫い糸を使っています。

Embroidery pattern ✐ 68 page

ロココローズのリボン／ロココフラワー

Rococo rose ribbon / Rococo flower

どちらも甘く繊細なカーブが特徴のロココ刺繍ならではの図案です。小花とバラのバランスはお好みで。
下は小花だけを刺していますが、バラを組み合わせて華やかにしてもすてきです。

Embroidery pattern ✄ 69 page

弓矢とロココローズ
Bow , arrow and rococo rose

楽器と同じく、美しい弓矢のデザインもロココ刺繍の定番と言えます。

ロココ様式は非対称が特徴ですが、この図案では花は弓矢を囲んで、上から下に向かって左右対称に美しい円を描きます。

Embroidery pattern ❧ 70 page

ポンポンローズのガーランド

Garland of roses pompon

丸くギャザーをよせたポンポンローズは、簡単なのに立体感がかわいい技法です。
全体的にやわらかな曲線と色でやさしい雰囲気に仕上げました。

Embroidery pattern 🌸 71 page

ポンポンローズバスケットの
サシェ

Sachet embroidered with
roses pompon basket

バスケットいっぱいのポンポンローズがかわいいサシェ。
白い麻布に合わせて透明感のある
パステルカラーでバラを刺しました。
バスケットの形通りに仕立てるのが難しい場合は、
丸や四角でもかまいません。

How to make 72 page

ロココフラワーの額
Rococo flower in a frame

上下、左右で対称にデザインした図案です。額縁はアンティークの品です。
額縁に入れる場合は、大きさやロココの雰囲気に合う額を選びます。
How to make ✄ 73 page

ロココローズの額2点

Rococo rose in a frame

シンプルな図案の2枚です。
布の下に綿を少し入れて、ふっくらとさせます。
左のように十字架のパーツを付ける場合は、
刺繍とのバランスを考えて。

How to make 74, 75 page

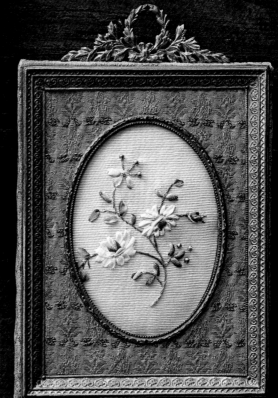

ナチュラルブーケ／小花のリング

Natural bouquet / Floret ring

右は野の花のような素朴な花々のブーケ、左は小花とビーズをリング状に並べました。
ロココ刺繍の特徴でもあるカーブの美しさを取り入れて、できるだけシンプルに仕上げた2点です。

Embroidery pattern 76 page

一輪の小花
A small flower

4種類の形の小花を刺繍しました。
花びらの大きさや枚数、
葉の形などの刺し方で
バリエーションが作れます。
小さくポイントとして
刺したいときに。

Embroidery pattern 🌿 77 page

マーガレットの手鏡

Hand mirror embroidered with margaret

小さな手鏡には、
可憐なマーガレットの花がぴったりです。
マーガレットの中央はポンポンブレードの
ポンポン部分のみを使っています。
鏡側の布の縁はレースで隠して始末します。

How to make 🌿 77 page

17

白い小花のリングピロー

Ring pillow embroidered with white florets

清楚なイメージの純白の小花は
リングピローにぴったりのモチーフです。
ゴージャスにならないように、
麻と木綿で素朴さを残しながら仕上げました。
交差したリングの内側に指輪を置きます。

How to make 78 page

白い小花のきんちゃく
Drawstring bag embroidered with white florets

麻の素朴なナチュラル感と白×アンティークシルバーの上品さが
ぴったりなきんちゃくです。
太めのリボンを通して、華やかなポイントにしました。
大事な小物を入れて。

How to make ❧ 79 page

ロココトリム

Rococo trim

ロココトリムとは縁飾りのことで、100年程前のデパートのカタログにも掲載されています。アンティークの品には手縫いとミシン縫いのものが見られます。作るのに手間がかかるためか、現代では見かけることは少なくなってしまいましたが10cm程度なら手作りしてみるのがおすすめです。バラの花がつながったデザインは、ポーチなどの縁に付けたり、21ページのようにブローチにしてもかわいい。

How to make ✄ 63 page

ロココトリムのサシェとブローチ
Sachet and brooch with rococo trim

サシェの口にタックをよせて
ロココトリムをポイントにしました。
ブローチは、トリムの裏にピンを付けただけの簡単仕立て。
ロココトリムはレースとの相性がばつぐんで、
アンティークの品々にもよく見られます。

How to make  100 page

21

column

アンティークの材料と図案

　当時のロココ刺繍に使われていた材料を知ることは、刺繍をするうえで参考になります。まったく同じものを手に入れることは難しいですが、当時の雰囲気を再現するために似た材料を探すことは楽しみのひとつとなっています。

　ロココ刺繍で使用するリボンは「しおり」とも呼ばれた細幅のリボンでした。20世紀初頭フランスのデパートカタログにロココ刺繍のリボンが掲載されています。

上はフランス、ボン・マルシェのカタログ。
nuances unies ou ombrées, pour la broderie Louis 16
（ルイ16世様式の刺繍のための単色またはグラデーションのついた色合い）
というリボンの商品解説が添えられています。左は当時の4mm幅のグラデーションリボン。カタログと同じものと思われます。

　現代ではあまり使われなくなったシェニール糸もロココ刺繍によく用いられています。シェニールとはフランス語で毛虫のことです。ビロードのように毛足のある飾り糸で、刺繍や房飾りに用いられます。日本ではモール糸という呼び方のほうがわかりやすいかもしれません。

シェニール糸の束とアンティークのきんちゃくに使われている様子。

ロココ刺繍の図案では、花かごや楽器の一部をコードを使って表現しているものがあります。また、ロココ刺繍を施したカルトナージュなどの小物には、箱の周囲の縁取り、ロココ刺繍を囲むようにしてメタルブレードをとめ付け、飾りとしているものがよく見られます。

もうひとつすてきなのが、ロココ刺繍の花をつなげたロココトリムです。ガラスのトレーやボネのなどの縁飾り、香水瓶の飾りなどさまざまなものの飾りとして使われています。トリムとして販売されていましたが自分でも作ることができます。63ページに作り方を解説しています。

ロココ刺繍のデザインは18世紀の作品を元に図案を作って再現されているものもあるようですが、時代が進んでいくにつれてオリジナルのデザインも増え、流行に合わせて少しずつ変化してきたようです。

FIG. 7. — BOÎTE À GANTS. *Planche n° 9.* MOIRE AV. FOURN.: 3 FR. 90. ECHANTILLONNÉE AV. FOURN.: 4 FR. 75.
SATIN POUR L'INTÉRIEUR, DENTELLE ET PELUCHE: 4 FR. 25. LE FUT: 2 FR. 50. (*Ajouter le prix d'un colis postal.*)

1911年の女性誌、ルイ15・16世スタイルのデザイン。
楽器、ガーランドなどロココ調のデザイン。

FIG. 25. — CADRE À DEUX VUES (CARTE ALBUM). (*Planche n° 17.*)
ECHANT. AVEC FOURNITURES ET PICOT: 4 FR. 50. GALON: 0 FR. 45 LE MÈTRE (1 M. 30).

20世紀になってからの女性誌に掲載されたオリジナルの菊のデザイン。

Original Rococo Embroidery

ロココ刺繍っぽい曲線やデザインを取り入れながら、
今の生活スタイルにも合うようにアレンジしました。

スミレ

Violet

舞い、踊っているようなすみれのアンティークのデザインをアレンジしました。
花は3色のエンブロイダリーリボンで微妙な変化を付けて刺しています。
萼や距もリボンで表現します。

Embroidery pattern ❧ 80 page

こちらもアンティークの図案をアレンジしたもの。
レースと組み合わせるときは甘くなりすぎず、
お互いが引き立つようにシンプルにしました。
楚々とした、可憐な雰囲気になります。

How to make 81 page

タンポポ
Dandelion

細かい花びらとぎざぎざの葉、ふわふわした綿毛のタンポポはどこをとっても特徴的な花です。
花びらは無地とグラデーションリボンを混ぜて使って立体感を出し、綿毛は糸をほぐして表現します。

Embroidery pattern 🔖 82 page

レンゲ
Chinese milk vetch

下の花びらから左右対称に、高さが出ないように刺すと
レンゲらしい形になります。
花びら1枚1枚にニュアンスを付けながら刺しています。

Embroidery pattern ❦ 83 page

ポピー

Poppy

大きなふんわりとした花びらは7㎜の幅広のリボンを使います。
特徴のある花芯は、雄しべの刺繍糸の上に雌しべのボンボンを重ねて刺繍糸で放射状に縫いとめます。

Embroidery pattern ✄ *84* page

サクランボ

Cherry

花びらは少ししわがよるくらいゆるく刺すほうが、軽くて薄い質感を表現できます。
サクランボの花は白ですが、ピンクを入れても桜っぽくてかわいい。

Embroidery pattern 🌸 85 page

スズラン

Lily of the valley

中央の大きなスズランと周囲のパールビーズを使った小さなスズランを組み合わせました。
周囲の円は1本をコーチングステッチでとめてから、もう1本を左右にからませながらとめていきます。

Embroidery pattern ❧ 86 page

ムスカリ
Grape hyacinth

花は中心から下をエンブロイダリーリボン、上をビーズで表現しています。
ビーズ5個の小花と合わせて春の花壇のイメージで

Embroidery pattern 87 page

31

ワスレナグサ
Forget-me-not

小さく青い花が可憐なワスレナグサは
アンティークのホワイト刺繍を参考にしました。
上は一輪を紋章的にデザインし、
下はナチュラルなブーケの雰囲気にしました。
花の色の青さでもイメージが変わります。

Embroidery pattern 88, 91 page

ワスレナグサ

Forget-me-not

アンティークのホワイト刺繍の図案をロココ刺繍としてアレンジしました。
花は大・中・小の3種類をリボンとビーズの色を変えて刺し分けます。

Embroidery pattern ✿ 93 page

ワスレナグサの十字架モチーフ
Forget-me-not cross motif

十字架形に刺繍をして周囲をカットし、コードで縁取りをしただけです。
上はワスレナグサの花とポンポンで埋めつくし、下はライン状に刺しました。

How to make 89 page

34

ワスレナグサの小箱とピンディスク

Box and pin disk embroidered with forget-me-not

32ページのワスレナグサをピンディスクに、33ページのワスレナグサを小箱に仕立てました。
どちらもしっかりとしたモアレ生地を使っているので、小物でも存在感が出ます。

How to make 🧵 90, 92 page

シロツメクサ
White clover

アンティークのホワイト刺繍の図案をアレンジしました。
白い花びらの微妙なニュアンスを出すために、茎側にはオフホワイトのリボンを使っています。
三つ葉と幸運の四つ葉を混ぜて刺します。

Embroidery pattern 95 page

シロツメクサのミニバッグ
Bag embroidered with white clover

がま口タイプのミニバッグ。
口金のカンにリボンを通せばポシェットにもなります。
刺繍がきれいに見えるように、
バッグ本体はタックなどを入れずに
ぺたんこに作っています。

How to make 94 page

ライラック

Lilac

アンティークのロココ刺繍の一部分をアレンジしたライラックです。
星が集まったような小さな花が特徴です。
葉はすっきりと軽く見えるように、
形と葉脈のみをアウトラインステッチで刺します。

Embroidery pattern 97 page

ライラックのバッグ

Bag embroidered with lilac

木の持ち手を使って、
どこか懐かしいアンティーク風の雰囲気に仕上げました。
リボン刺繍は少しでも派手になりがちなので、
実用小物に仕立てるときは刺繍か本体のどちらかをシンプルに。

How to make 96 page

ラベンダー

Lavender

古い図案を意識して茎をカーブさせ、野に咲くラベンダーを表現したデザインです。
花びらの重なっている部分は、2色のリボンを交互に刺して色の変化が出るようにします。

Embroidery pattern ❧ 98 page

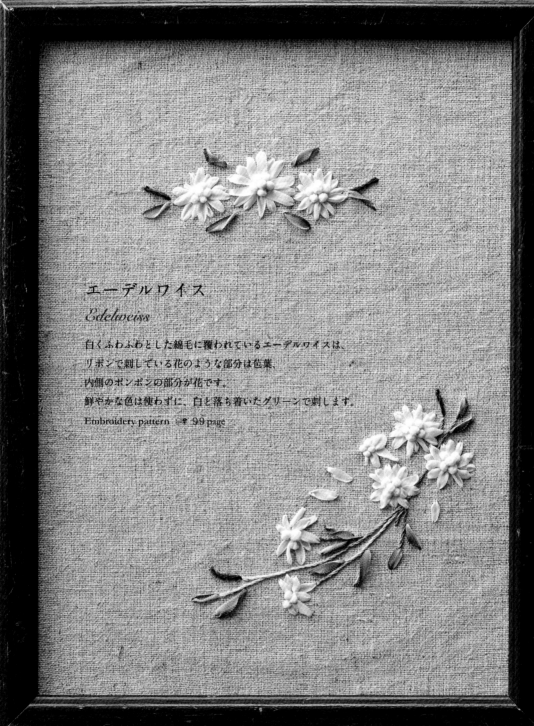

エーデルワイス

Edelweiss

白くふわふわとした綿毛に覆われているエーデルワイスは、
リボンで刺している花のような部分は苞葉、
内側のポンポンの部分が花です。
鮮やかな色は使わずに、白と落ち着いたグリーンで刺します。

Embroidery pattern ☞ 99 page

立体花のアクセサリー
Bookmark , Earrings , Brooch

布を抜いて刺繍部分だけを残しました。
リボンステッチで刺し、刺繍糸で花弁の根元が
縫いとめられている花だけが立体にすることができます。
立体モチーフとして使えるので、
アクセサリーにするのにぴったりです。
裏に接着剤でリボンや金具を付けるだけです。
立体の花の作り方は 64 ページ参照。
参考作品

ブローチ
Brooch

くるみボタンを使ってブローチにしました。
好きな図案の一部分だけを取り出して刺してください。

How to make 101 page

43

小麦
Wheat

かさかさとした質感まで伝わってきそうです。
実の部分は 25 番刺繍糸でストレートステッチを入れたフィッシュボーンステッチの変形、
葉はねじってから糸でとめています。

Embroidery pattern ❧ 102 page

小麦のブックカバー

Book cover embroidered with wheat

ワンポイントに小麦の刺繍を入れた
文庫サイズのブックカバーです。
鮮やかな黄緑色の布に、小麦が風で揺れるようなイメージで。

How to make ❧ 103 page

ホップ

Hop

ホップはつる性の植物なので、縁飾りのようにも使えるライン状のデザインに。
上は内側に文字を刺繍してフレームのように使ってもすてきです。
Embroidery pattern ❧ 104 page

菊

Chrysanthemum

菊はジャポニズムの流行とともに人気となったモチーフです。
アンティークの刺繍図案の一部を刺しやすくアレンジしました。
花びらはねじって刺せば、本物のように筒状の細長い花びらになります。長短を付けて刺します。

Embroidery pattern 106 page

菊のティーコゼー
Tea cosy embroidered with chrysanthemum

ストライプの布にカラフルな菊の花を散らしました。
花びらはグラデーションリボンを使うか、
2色で内側を濃い色で刺して立体感を出します。

How to make 106 page

ヤドリギ

Mistletoe

2枚の葉がプロペラのように広がる独特の形。
実は大きめの透明感のあるビーズを使っています。

Embroidery pattern ▷ 103 page

ミモザとユーカリ
Mimosa and eucalyptus

ユーカリのシルバーがかった色を表現するために薄いグリーンのリボンを使います。
ミモザはポンポンを好みの黄色に染めました。
元気カラーのミモザとユーカリでブーケを意識したデザインです。

Embroidery pattern ⁂ 109 page

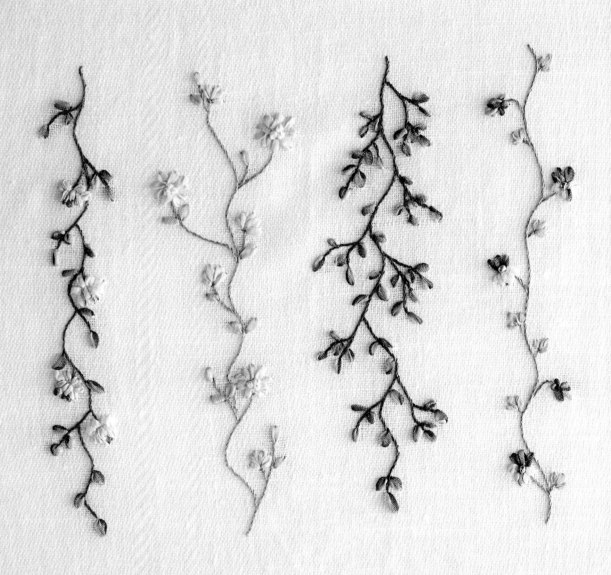

ガーランド
Garland

使い勝手のよいライン状のデザインです。ちょっとした飾りとして縁に使うだけでとてもかわいくなります。
左からバラ、一重の花、葉と枝、スミレ。カーブのくり返しに合わせて花や葉を刺します。

Embroidery pattern 〜 110 page

スミレのガーランドのカーディガン

Cardigan embroidered with violet

カーディガンの首回りに沿って刺繍を入れます。
ニットは伸びるので慎重に刺繍をしてください。

参考作品

column

アンティークに見るロココ刺繍

19世紀末から20世紀初頭、アメリカで発行された冊子にはロココ刺繍を「フランスのリボンワーク」「ロココと呼ばれることもあるフレンチスタイルのデザイン」と紹介しているものがあります。主に細いリボンで刺繍された作品がロココ刺繍としてフランスのモード新聞や手芸新聞などで見かけるようになるのは1880年あたりからです。1880年の「LA MODE ILLUSTREE」には古典的なデザインを模した作品として掲載されています。あまり複雑な技法を必要としないシンプルなこの刺繍はプレゼントの品としてもぴったりだったようで、図案付きで女性誌に度々紹介されていました。

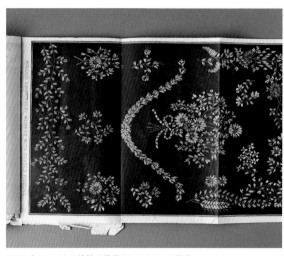

1880年アメリカの雑誌に掲載されたカラーの図案。

ボン・マルシェのカタログ。モアレ生地を使ったロココ刺繍のボックスが掲載されています。

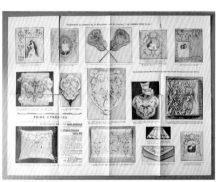

フランスの女性誌やデパートのカタログ。ロココ刺繍の商品や図案が紹介されています。

ボン・マルシェのカタログより、クッションのサンプル。サテン生地にリボン刺繍をしたもの（左）とモアレ生地にロココ刺繍をしたもの（右）。1910年頃になるとリボン刺繍とロココ刺繍が分けて掲載されています。

アンティークの品を探していると、実際に手芸雑誌やカタログに掲載されていた品々によく似たものを見つけることがあります。実際に私の収集した当時のロココ刺繍の品々をご紹介します。

FIG. 21. — GLACE à MAIN (Planche n° 12).
ÉCHANTILLONNÉE AVEC FOURNITURES : 3 FR. 75.

1906年の女性誌に掲載されていた手鏡とほぼ同じ手鏡。
モアレ生地に単色のシルクリボンとグラデーションリボンを使った花のガーランドはリボン刺繍、周囲をメタルブレードで囲んでいます。

FIG. 33. — COUVRE-LIVRE. (Planche n° 22.)
ECHANT. AVEC FOURN. : 3 FR. 50.
(DOUBLURE : 0 FR. 90.)

カルトナージュ2点。どちらもリボン以外にコードなどを使用しています。花かごと弓矢は代表的なデザインです。

1910年発行の女性誌に掲載されたものとほぼ同じブックカバー。掲載部分を読むと、ブルーグレーのサテン生地に刺繍してあるとの説明があります。

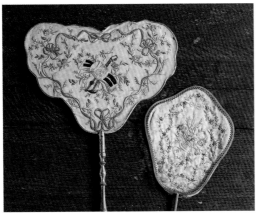

ハンドスクリーン2点。左は楽器、右は花かごのデザインです。花かごはシルク生地にロココ刺繍をしています。
様々な色のリボンが使用されていて、刺し方もとても繊細で美しい一品です。

道具と材料

道具や材料は基本的に自分の使いやすいものや好きなものでかまいません。
ただし、エンブロイダリーリボンはロココ刺繍の繊細さを出すために、
幅3.5mmの細めとグラデーションリボンをおすすめします。

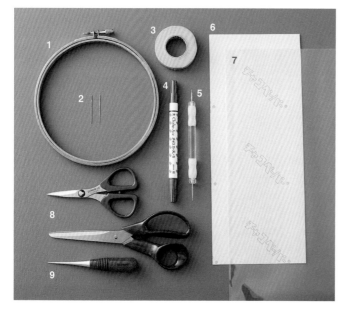

1. 刺繍枠　主に12cmを使用。　2. リボン刺繍用針と刺繍針　先がとがっていて細めを使っています。
3. マスキングテープ　図案を写すときに布に図案をとめます。　4. 印付けペン　図案を描くときに使います。　5～7. トレーサー、手芸用複写紙、セロハン（OPP袋）　図案を上からなぞって布に写すときに使います。　8. はさみ　先のとがった糸切り用と紙を切る用を用意。　9. 目打ち　リボンを押さえたり、細かい作業をするときなどに。

図案の写し方

図案をコピー、またはトレーシングペーパーなどに写します。布の表に図案を重ねてとめ、布と図案の間にチャコペーパーなどの手芸用複写紙をはさみます。セロハンを図案の上に重ねて、トレーサーで図案をなぞります。色の薄い布を使うときは、布を図案の上に重ねて透かして写してもかまいません。

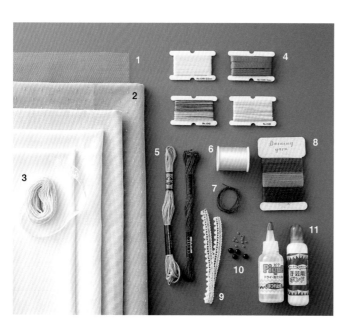

1. チュールレース　ロココトリムを作るときのベースにします。　2. 布　リボン刺繍はどんな布にも刺せます。上からグログランドット、モアレ、麻、木綿。
3. レース　リボン刺繍に添えたり、小物に付けたりします。　4. エンブロイダリーリボン　MOKUBAを使用。主に3.5mm幅を使いますが、大きな花びらには7mmを使います。トはグラデーションのリボン。
5. 25番刺繍糸　茎や葉脈などを刺すときに。　6. 透明糸　花や葉にニュアンスを付けて縫いとめます。
7、8. 革用手縫い糸とダーニングヤーン　植物以外の刺繍に使います。　9. ポンポンブレード　ポンポンの部分だけをカットして花芯などに。　10. ビーズ　実や花芯に使います。　11. 手芸用ボンド　リボンのほつれなどをとめます。

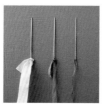

エンブロイダリーリボンはリボン刺繍用の針に。リボンの太さによる針の使い分けはありません。25番刺繍糸は8号くらいのフランス刺繍針を使います。

リボンの通し方　針からリボンが抜けたり、リボンの端がほつれるのを防ぎます。2種類の方法を解説します。

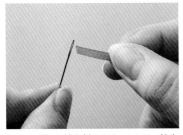

ボンドでとめる

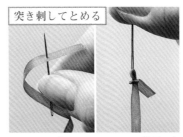
突き刺してとめる

1 リボンの端を斜めにカットして、針穴に通します。

2 通したリボンの先にボンドをかるく付けます。これで刺し始めます。花びらが重なる図案や厚手のモアレを使うときにおすすめです。

2 通した端から1.5cmくらいの位置の中心に針を刺して引きます。リボンが針穴でとまり、抜けにくくなります。

刺し始め　リボンが抜けたりしないように固定します。

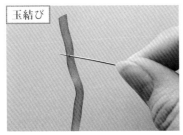
玉結び

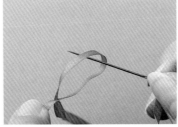

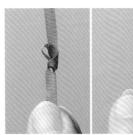

1 フレンチノットステッチや、ほかのリボンに通してとめる場合に使います。リボンの端から1.5cmくらいの位置に針を刺します。

2 そのまま針を通してリボンを引き、輪を作ります。輪の中に針を通します。

3 輪に通してリボンを引き、玉結びを作ります。糸の引き過ぎには注意を。

リボンを押さえる　　裏

刺し始めのリボンの端を1cm程残します。裏に針を出すときに、残したリボンを突き刺してとめます。

刺し終わり　刺し終わったときのリボンの始末のしかたです。

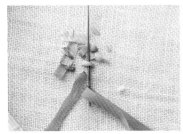

1 裏に針を出し、玉結びを作らずに近くに渡っているリボンに通します。

2 2cm程通したらリボンをカットし、リボンがほつれないように端にボンドを付けておきます。

3 縫い糸でリボン同士を縫いとめます。これでリボンが抜ける心配はありません。

リボン刺繍の刺し方

この本で使っている基本的な刺し方と、植物を表現するための私なりのアレンジをご紹介します。

ストレートステッチ

1 表に針を出してリボンを引き、次の印に針を入れます。

2 リボンをゆっくり引きます。引き過ぎには注意を。

3 裏でリボンの端を突き刺して押さえています。

ストレートステッチ ツイステッド

1 表に針を出し、リボンを引っぱりながらねじります。撚りが戻らないように針を入れます。

2 リボンの撚りが戻らないように、ゆっくりと引けば完成です。

菊の花びらはストレートステッチツイステッドで刺しています。ねじる回数は好みでかまいません。

リボンステッチ

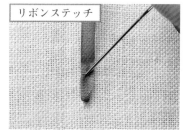

1 表に針を出して図案に沿ってリボンを重ねます。リボンの中心に針を刺します。

2 リボンをゆっくりと引きます。ストレートステッチのようですが、リボンの上側がカールし、安定します。

リボンステッチ サイド

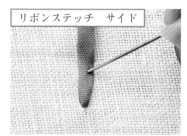

1 リボンステッチと同様に、図案の上にリボンを重ねます。リボンの端（図案に合わせて左右どちらでもOK）に針を刺します。

2 リボンをゆっくりと引きます。リボンの上と片側がカールします。

リボンステッチ　フォールデッド

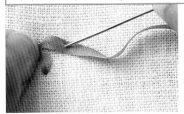

1　表に針を出してリボンを伸ばします。好みの位置で親指でリボンを押さえて折り、リボンの中心に針を刺します。

2　親指でリボンを押さえたまま、ゆっくりと裏にリボンを引いて端をカールさせます。

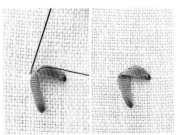

3　リボンと同じ色の糸で折った部分を縫いとめます。好みで数か所縫いとめてもかまいません。

フレンチノットステッチ

1　表に針を出して針にリボンを1回（好みの回数）巻きます。針を出したすぐ隣に針を入れます。

2　針を垂直に立て、リボンを引きながら形を整えて裏に針を出します。

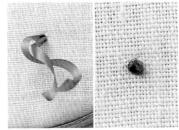

3　そのままゆっくりとリボンを裏に引きます。小さな玉ができれば完成です。

パデッドローズバッド

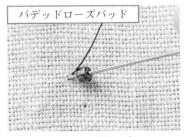

1　ビーズに糸を2回通して布にしっかりと縫いとめます。

2　ビーズの少し上から、リボンを通した針を出します。

3　ビーズの上にかぶさるようにまっすぐ下に針を入れます。

4　リボンがねじれないように目打ちや針などで整えて、リボンを引いてかぶせます。

5　最初に針を出した位置のすぐ右隣に針を出します。中心のリボンの右側に少し重ねてリボンを渡します。

6　左側にも同様にリボンを重ねて刺せば完成です。すき間があかないように重なりを整えます。

59

小麦の刺し方　フィッシュボーンステッチの変形

1　布に図案を写します。刺している途中で、図案よりも間隔を詰めて刺してもかまいません。

2　上中央から刺し始めます。図案の上を少し残してストレートステッチを刺します。リボンがねじれていてもかまいません。

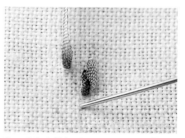

3　次に左側をストレートステッチで刺します。中央のステッチの少し下に針を入れます。

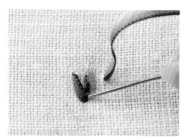

4　次に右に針を出してストレートステッチで刺します。左のステッチの内側の根元に針を入れます。

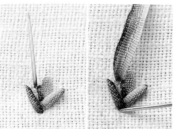

5　中央と左の間に針を出し、左のステッチのすぐ下に針を入れます。これで小麦の1つめのブロックが刺せました。

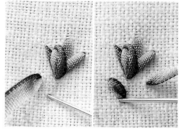

6　次のブロックは中央がないので左、右の順に同様に刺します。

7　次に右の内側から針を出し、右のステッチのすぐ下に針を入れます。これで2つめのブロックが刺せました。

8　これをくり返してブロックごとに刺していきます。

9　リボンが刺せたら25番刺繍糸で小麦のひげ（頂毛）を刺します。図案の頂点から針を出し、リボンを押さえて針を入れます。

10　ブロックとブロックの間は上のブロックのリボンから針を出し、次のブロックのリボンに刺して針を入れます。

11　小麦の実の部分が完成しました。各ブロックの幅は、いちばん下だけが広がるように刺します。

小麦のシャープさを出すために、リボンはふんわりさせずに引き気味で刺します。

ギャザードローズステッチ

1 リボンを8〜10cmにカットして針に通し、表に出します。裏は1cm程リボンを残しておきます。

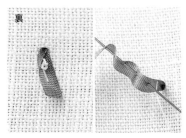

2 リボンと同じ色の縫い糸を縫い針に通し、裏のリボンに針を刺して押さえ、表に出します。リボンのみをぐし縫いします。

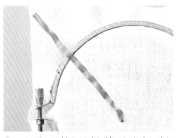

3 リボンの端までぐし縫いします。ぐし縫いは細かくしすぎないように。

4 ぐし縫いを引き絞ってリボンにギャザーをよせます。

5 リボンを丸く形作り、1で針を出した隣に針を入れて裏に出します。

6 目打ちなどを使ってリボンの端を折り、表に針を出して折った部分を押さえます。

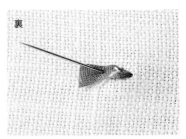

7 裏のリボンの端は、裏に針を出す度にリボンに刺して押さえておくとよいでしょう。

8 ギャザーが縦にならないように丸く形を整えながら、3、4か所を縫いとめて形を作ります。

9 裏で糸を玉どめすれば完成です。写真では糸が見えていますが、同じ色の糸や透明の糸で縫うと目立ちません。

ロココローズの刺し方

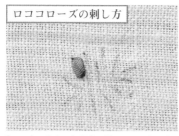

1　布に大まかな図案を描きます。上、中、下と3つに分けてそれぞれ違う色のリボンで刺します。まず上からストレートステッチで刺します。

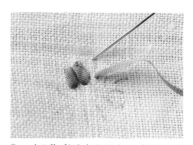

2　上の花びらをすべてストレートステッチで刺します。

3　次に中の花びらを同様に刺します。リボンはねじれていてもかまいません。

4　上のリボンに刺さないように、リボンとリボンの間から針を出します。

5　中の花びらも刺せました。左右の花びらを低く、中央の花びらを高くというイメージで刺します。

6　下の花びらも左から順に同様に刺します。

7　すべて刺せたら、目打ちで花びらの形を整えます。

8　ロココローズの完成です。ロココローズには花びらの向きや枚数をアレンジした、いろいろなバリエーションがあります。

ロココトリムの作り方

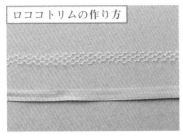

1 リボンと同じくらいの幅にチュールレースをカットします。

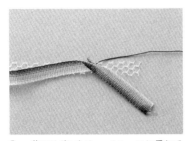

2 葉のリボンをチュールレースに重ねて縫いとめます。糸は、リボンと同じ色か透明を使います。1回斜めに折り、縫いとめます。

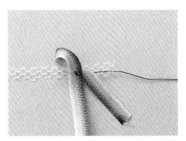

3 上側で小さな輪を作り、2で折った部分に重ねて中心を縫いとめます。

4 下側で同じ小さな輪を作り、同様に重ねて縫いとめます。もう1度上側で小さな輪を作り、同様に縫いとめます。これで葉が3つできました。

5 次に花を作ります。2cm角にチュールレースをカットし、玉結びしたリボンを通して縫いとめます。

6 リボンを4、5山じゃばらに折りたたみ、下を縫いとめます。

7 リボンでじゃばら部分の外側を巻きます。半分巻いたら一度ひねって表情を出し、リボンの下側とチュールレースを縫いとめます。

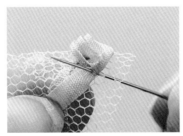

8 同様にもう半分を巻き、一度ひねってリボンとチュールレースを縫いとめます。リボンがほどけないように、要所を縫いとめます。

9 じゃばらの周囲にリボンを巻いたバラの花ができました。もう1周巻いて、花を大きくしてもかまいません。

10 チュールレースを花の形に合わせてカットします。リボンの端は内側に折り込んで縫いとめます。花ができました。

11 4の葉のリボンの上に花を縫いとめます。葉の隣に花を重ね、裏から針を出して中心をしっかりと縫いとめます。

12 葉を同様に作り、好みの長さまで花と葉をくり返せば完成です。

1 スミレの花で解説します。布にリボンステッチでスミレを刺繍します。リボンの色と同系色の布に刺しましょう。中心の刺繍でリボンを押さえます。

2 花の形に沿って、余分な布をカットします。

3 水に浸けて布をほぐします。布の織りをほぐして手で抜ける部分の糸を抜きます。刺繍糸で押さえている中心部分だけに布が残るくらいまで抜きます。

4 糸が抜けなくなったら、見えている余分な糸をカットします。リボンをめくって、裏の糸もカットします。

5 布の糸がカットできました。リボンと同系色の布ならば、表から少し布が見えていても目立ちません。

6 水性ボンドと水を2：1で溶いて、花を浸します。水溶きボンドに浸けることで乾いてからやや硬くなり、形が崩れにくくなります。

7 キッチンペーパーなどで水分を拭き取り、そのまま置いて乾かします。

8 半分くらい乾いたら花びらをつまんで好みの形を作ります。

9 完全に乾いたら完成です。あとはアクセサリー用のパーツを裏に付けたり、そのまま縫い付けたりして使います。

立体の花について

立体の花は、どの花でも作れるわけではありません。刺繍の土台となる布の糸を中心を残して抜いていくので、リボンステッチでリボンが押さえられていて刺繍糸（ストレートステッチ）で中心が縫いとめられている、中心でまとまっている花でないとばらばらになってしまいます。スミレ、タンポポ、シロツメクサ、エーデルワイスなどは立体の花にできます。

How to make

図案と作品の作り方

- 図中の数字の単位は㎝です。
- 構成図や図案の寸法には、特に表示のない限り縫い代を含みません。1㎝を目安に縫い代を付けてください。裁ち切りと表示のある場合は、縫い代を付けずに布を裁ちます。
- 布などの用尺は少し余裕を持たせています。刺繍布の場合は、刺繍枠がはめられるサイズを用意してください。
- 図中のアルファベット「S」はステッチの略です。
- 作品の出来上がりは、図の寸法と多少の差が出ることがあります。
- エンブロイダリーリボンはMOKUBA、25番刺繍糸はCOSMOとDMCを使用していますが、好みのリボンや糸を使ってください。色番号を記載していますが、好きな色を自由に合わせて楽しんでください。
- ポンポンにポンポンブレードをカットして使う場合は、切り口をボンドでかためるとばらばらにならずに扱いやすくなります。

25番刺繍糸を使う刺し方

P.8　ロココブーケ

エンブロイダリーリボンはMOKUBA、25番刺繍糸はCOSMOとDMC
ビーズはボヘミアンビーズの丸小、ポンポンブレードをカットしてポンポン部分だけを使う

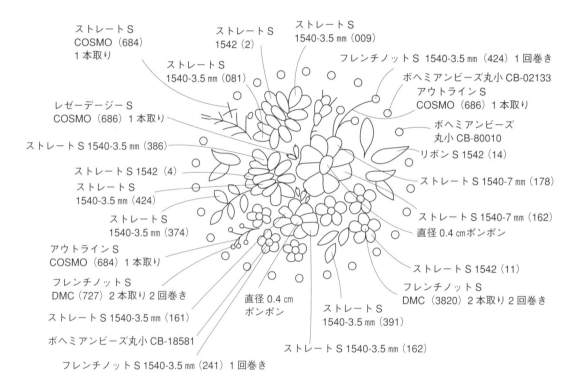

ストレートS
COSMO（684）
1本取り

ストレートS
1542（2）

ストレートS
1540-3.5 mm（009）

ストレートS
1540-3.5 mm（081）

フレンチノットS 1540-3.5 mm（424）1回巻き

ボヘミアンビーズ丸小 CB-02133

アウトラインS
COSMO（686）1本取り

レゼーデージーS
COSMO（686）1本取り

ボヘミアンビーズ
丸小 CB-80010

ストレートS 1540-3.5 mm（386）

リボンS 1542（14）

ストレートS 1542（4）

ストレートS
1540-3.5 mm（424）

ストレートS 1540-7 mm（178）

ストレートS 1540-7 mm（162）

ストレートS
1540-3.5 mm（374）

直径 0.4 cmポンポン

アウトラインS
COSMO（684）1本取り

ストレートS 1542（11）

フレンチノットS
DMC（727）2本取り2回巻き

フレンチノットS
DMC（3820）2本取り2回巻き

ストレートS 1540-3.5 mm（161）

直径 0.4 cm
ポンポン

ストレートS
1540-3.5 mm（391）

ボヘミアンビーズ丸小 CB-18581

ストレートS 1540-3.5 mm（162）

フレンチノットS 1540-3.5 mm（241）1回巻き

レゼーデージーステッチの刺し方

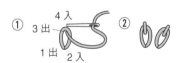

① 3出　4入　2入　1出　②

エンブロイダリーリボンはMOKUBA、25番刺繍糸はCOSMOとDMC

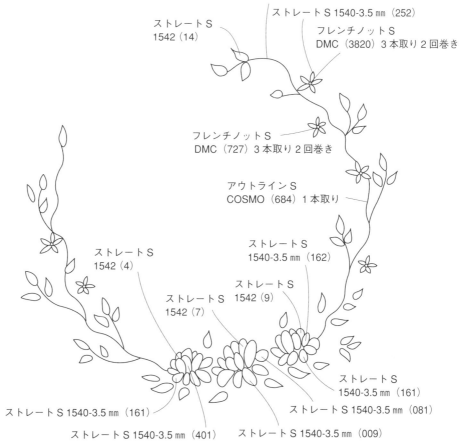

アウトラインS COSMO（686）1本取り

ストレートS 1540-3.5㎜（252）

ストレートS
1542（14）

フレンチノットS
DMC（3820）3本取り2回巻き

フレンチノットS
DMC（727）3本取り2回巻き

アウトラインS
COSMO（684）1本取り

ストレートS
1542（4）

ストレートS
1540-3.5㎜（162）

ストレートS
1542（9）

ストレートS
1542（7）

ストレートS
1540-3.5㎜（161）

ストレートS 1540-3.5㎜（161）

ストレートS 1540-3.5㎜（081）

ストレートS 1540-3.5㎜（401）

ストレートS 1540-3.5㎜（009）

P.9 マンドリンとロココフラワー

エンブロイダリーリボンはMOKUBA、25番刺繍糸はCOSMOとDMC
マンドリンの弦は革用の麻手縫糸、ビーズはボヘミアンビーズの丸小

マンドリンとタンバリン

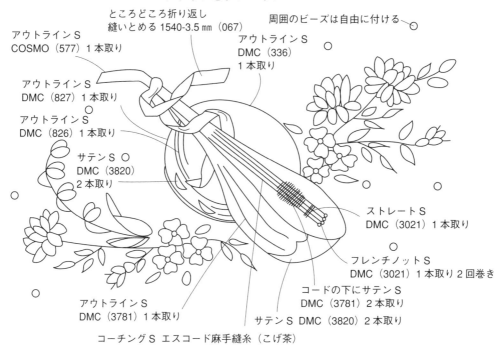

ところどころ折り返し
縫いとめる 1540-3.5㎜（067）

周囲のビーズは自由に付ける

アウトラインS
COSMO（577）1本取り

アウトラインS
DMC（336）
1本取り

アウトラインS
DMC（827）1本取り

アウトラインS
DMC（826）1本取り

サテンS
DMC（3820）
2本取り

ストレートS
DMC（3021）1本取り

フレンチノットS
DMC（3021）1本取り2回巻き

コードの下にサテンS
DMC（3781）2本取り

サテンS DMC（3820）2本取り

アウトラインS
DMC（3781）1本取り

コーチングS エスコード麻手縫糸（こげ茶）

花、葉、茎

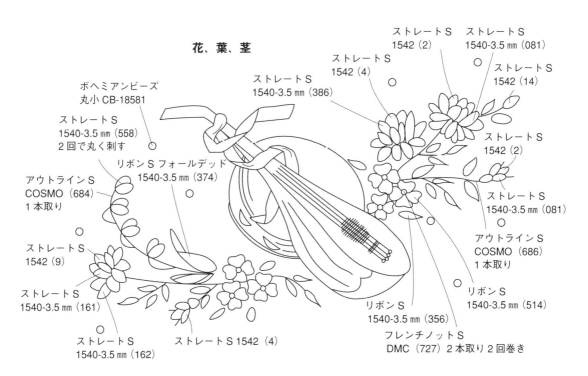

ストレートS
1542（2）

ストレートS
1540-3.5㎜（081）

ストレートS
1542（4）

ストレートS
1542（14）

ストレートS
1540-3.5㎜（386）

ボヘミアンビーズ
丸小 CB-18581

ストレートS
1540-3.5㎜（558）
2回で丸く刺す

リボンS フォールデッド
1540-3.5㎜（374）

ストレートS
1542（2）

ストレートS
1540-3.5㎜（081）

アウトラインS
COSMO（684）
1本取り

アウトラインS
COSMO（686）
1本取り

ストレートS
1542（9）

ストレートS
1540-3.5㎜（161）

リボンS
1540-3.5㎜（356）

リボンS
1540-3.5㎜（514）

フレンチノットS
DMC（727）2本取り2回巻き

ストレートS
1540-3.5㎜（162）

ストレートS 1542（4）

68

P.10 ロココローズのリボン／ロココフラワー

エンブロイダリーリボンはMOKUBA、25番刺繍糸はCOSMO
ビーズはボヘミアンビーズの丸小

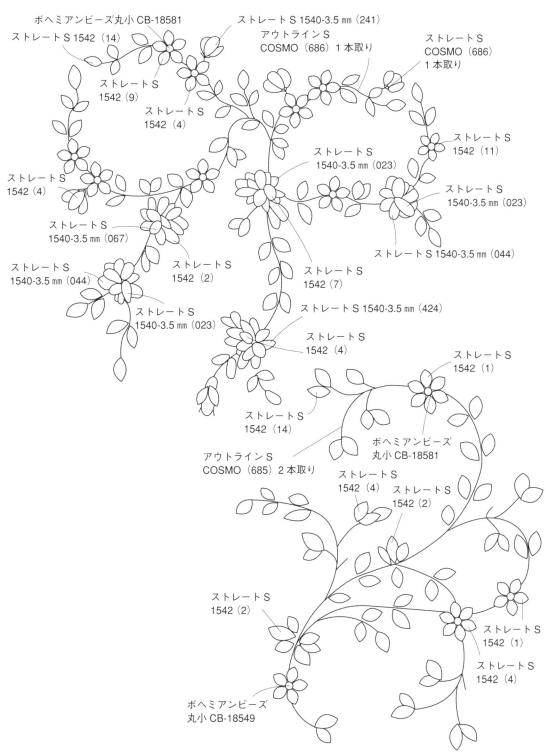

ボヘミアンビーズ丸小 CB-18581

ストレート S 1542 (14)

ストレート S 1540-3.5 mm (241)

アウトライン S
COSMO (686) 1 本取り

ストレート S
COSMO (686)
1 本取り

ストレート S
1542 (9)

ストレート S
1542 (4)

ストレート S
1540-3.5 mm (023)

ストレート S
1542 (11)

ストレート S
1542 (4)

ストレート S
1540-3.5 mm (067)

ストレート S
1542 (2)

ストレート S
1540-3.5 mm (044)

ストレート S
1540-3.5 mm (023)

ストレート S 1540-3.5 mm (044)

ストレート S
1542 (7)

ストレート S
1540-3.5 mm (023)

ストレート S 1540-3.5 mm (424)

ストレート S
1542 (4)

ストレート S
1542 (14)

ストレート S
1542 (1)

アウトライン S
COSMO (685) 2 本取り

ボヘミアンビーズ
丸小 CB-18581

ストレート S
1542 (4)

ストレート S
1542 (2)

ストレート S
1542 (2)

ストレート S
1542 (1)

ストレート S
1542 (4)

ボヘミアンビーズ
丸小 CB-18549

P.11 弓矢とロココローズ

エンブロイダリーリボンはMOKUBA、25番刺繍糸はCOSMOとDMC
弓矢の一部は革用の麻手縫糸、ビーズはボヘミアンビーズの丸小

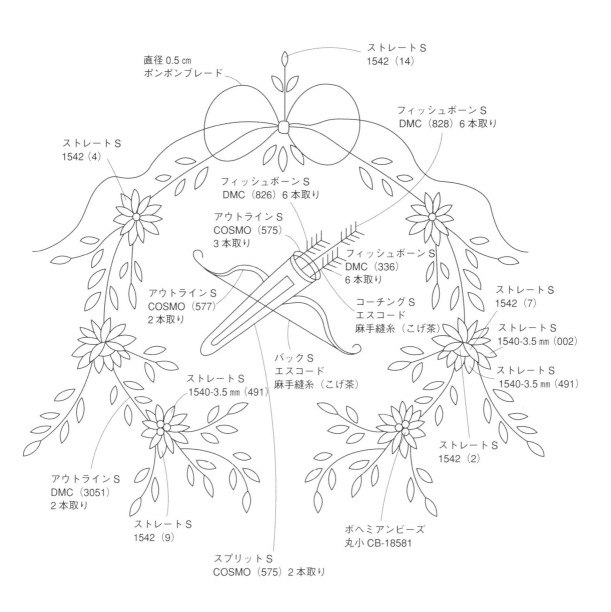

直径 0.5 ㎝
ポンポンブレード

ストレートS
1542（14）

フィッシュボーンS
DMC（828）6 本取り

ストレートS
1542（4）

フィッシュボーンS
DMC（826）6 本取り

アウトラインS
COSMO（575）
3 本取り

フィッシュボーンS
DMC（336）
6 本取り

ストレートS
1542（7）

アウトラインS
COSMO（577）
2 本取り

コーチングS
エスコード
麻手縫糸（こげ茶）

ストレートS
1540-3.5 ㎜（002）

ストレートS
1540-3.5 ㎜（491）

バックS
エスコード
麻手縫糸（こげ茶）

ストレートS
1540-3.5 ㎜（491）

ストレートS
1542（2）

アウトラインS
DMC（3051）
2 本取り

ストレートS
1542（9）

ボヘミアンビーズ
丸小 CB-18581

スプリットS
COSMO（575）2 本取り

P.12　ポンポンローズのガーランド

エンブロイダリーリボンはMOKUBA、25番刺繍糸はCOSMOとDMC、かごはダーニング糸
ギャザードローズステッチの刺し方は61ページ参照

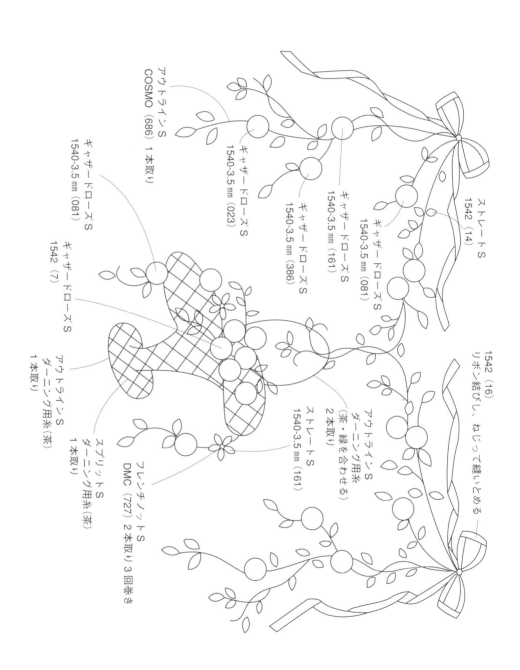

アウトラインS
COSMO（686）1本取り

ギャザードローズS
1540-3.5mm（023）

ギャザードローズS
1540-3.5mm（081）

ギャザードローズS
1540-3.5mm（386）

ギャザードローズS
1540-3.5mm（161）

ストレートS
1542
（14）

ギャザードローズS
1540-3.5mm（081）

ギャザードローズS
1542（7）

アウトラインS
ダーニング用糸（茶）
1本取り

ストレートS
1540-3.5mm（161）

アウトラインS
ダーニング用糸
（茶・緑を合わせる
2本取り）

スプリットS
ダーニング用糸（茶）
1本取り

フレンチノットS
DMC（727）2本取り 3回巻き

1542（16）
リボン結びし、ねじって縫いとめる

P.13　ポンポンローズバスケットのサシェ

材料

本体用布35×15cm　手芸綿、ポプリ各適宜
エンブロイダリーリボンMOKUBA　1540-3.5mm（009、023、081、
161、162、241、252、356、374、386、514）、1542（1、4、5、7、11）
25番刺繍糸　DMC（503、562）、COSMO（2117）
エスコード麻手縫糸

作り方

1. 本体前に刺繍をする。ギャザードローズステッチの刺し方は61ページ参照。
2. 本体前と後ろを中表に合わせ、返し口を残して周囲を縫う。
3. 表に返して綿とポプリを詰め、返し口をとじる。

出来上がり寸法　12.5×13cm

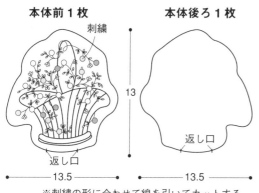

本体前 1 枚
刺繍
返し口
13.5
※刺繍の形に合わせて線を引いてカットする

本体後ろ 1 枚
13
返し口
13.5

作り方
① 本体（表）
切り込み
裏
5 返し口

前と後ろを中表に合わせ
返し口を残して周囲を縫う
縫い代のカーブ部分に
切り込みを入れる

② 綿とポプリ
まつる
表に返して中に綿と
ポプリを入れて
返し口をとじる

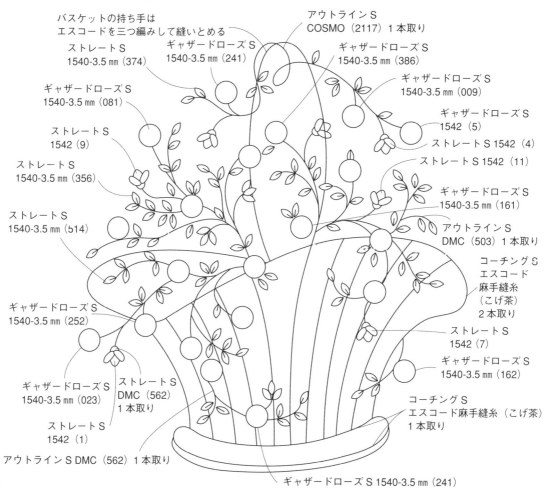

バスケットの持ち手は
エスコードを三つ編みして縫いとめる
ストレートS
1540-3.5 mm（374）

ギャザードローズS
1540-3.5 mm（241）

アウトラインS
COSMO（2117）1 本取り

ギャザードローズS
1540-3.5 mm（386）

ギャザードローズS
1540-3.5 mm（081）

ギャザードローズS
1540-3.5 mm（009）

ストレートS
1542（9）

ギャザードローズS
1542（5）

ストレートS 1542（4）

ストレートS
1540-3.5 mm（356）

ストレートS 1542（11）

ストレートS
1540-3.5 mm（514）

ギャザードローズS
1540-3.5 mm（161）

アウトラインS
DMC（503）1 本取り

コーチングS
エスコード
麻手縫糸
（こげ茶）
2 本取り

ギャザードローズS
1540-3.5 mm（252）

ストレートS
1542（7）

ギャザードローズS
1540-3.5 mm（162）

ギャザードローズS
1540-3.5 mm（023）

ストレートS
DMC（562）
1 本取り

コーチングS
エスコード麻手縫糸（こげ茶）
1 本取り

ストレートS
1542（1）

アウトラインS DMC（562）1 本取り

ギャザードローズS 1540-3.5 mm（241）

P.14 ロココフラワーの額

材料

本体用布20×20cm　キルト綿、厚紙各10×15cm
エンブロイダリーリボンMOKUBA　1540-3.5mm（015）、1540-7mm
　（002）、1542（1、7、14）
25番刺繍糸　DMC（3820）、COSMO（822）
好みの額1枚

出来上がり寸法　内寸13.5×9.5cm

作り方

1. 額に合わせて刺繍をする。
2. 厚紙にキルト綿と本体を重ねて額に入れる。

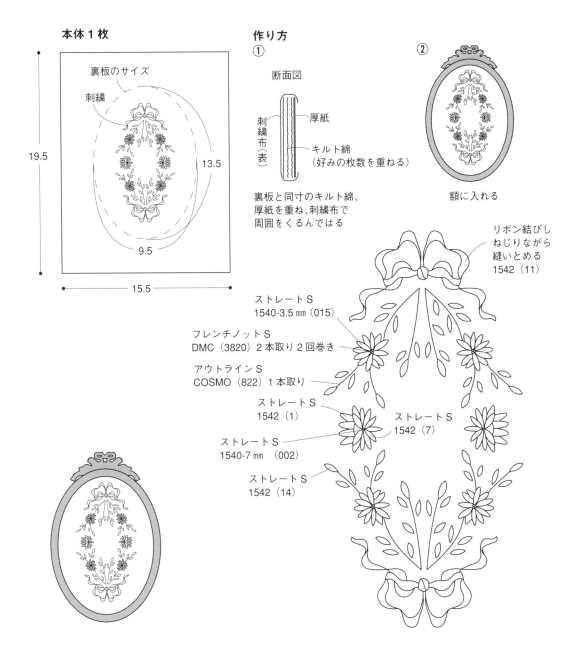

本体１枚

裏板のサイズ

刺繍

19.5

13.5

9.5

15.5

作り方

① 断面図

刺繍布（表）

厚紙

キルト綿
（好みの枚数を重ねる）

裏板と同寸のキルト綿、
厚紙を重ね、刺繍布で
周囲をくるんではる

② 額に入れる

リボン結びし
ねじりながら
縫いとめる
1542（11）

ストレートS
1540-3.5mm（015）

フレンチノットS
DMC（3820）２本取り２回巻き

アウトラインS
COSMO（822）１本取り

ストレートS
1542（1）

ストレートS
1542（7）

ストレートS
1540-7mm　（002）

ストレートS
1542（14）

P.15　ロココローズの額

材料

本体用布25×25cm　キルト綿、厚紙各15×15cm

エンブロイダリーリボンMOKUBA　1542（2、4、6、7、14）

25番刺繍糸　COSMO（686、822）

3×2cmモチーフ1個　好みの額1枚

出来上がり寸法　内寸12×10cm

作り方

1. 額に合わせて刺繍をする。

2. 厚紙にキルト綿と本体を重ねて額に入れる。

3. モチーフを付ける。

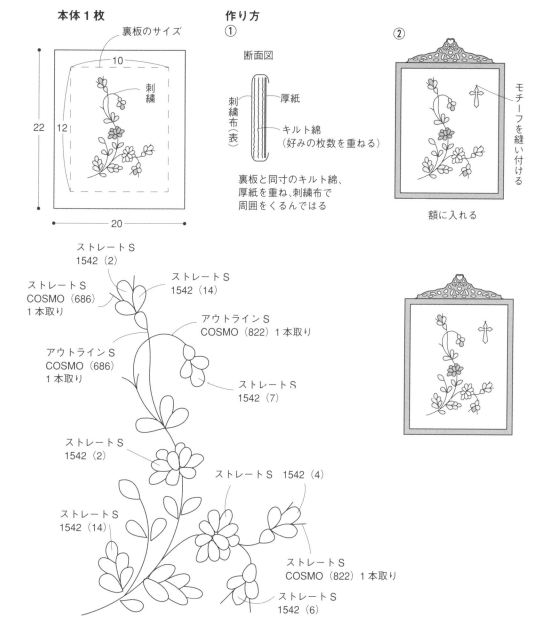

本体 1 枚

裏板のサイズ

10

刺繍

22
12
20

作り方

①

断面図

刺繍布（表）　厚紙

キルト綿（好みの枚数を重ねる）

裏板と同寸のキルト綿、厚紙を重ね、刺繍布で周囲をくるんではる

②

モチーフを縫い付ける

額に入れる

ストレートS
1542（2）

ストレートS
COSMO（686）
1本取り

ストレートS
1542（14）

アウトラインS
COSMO（822）1本取り

アウトラインS
COSMO（686）
1本取り

ストレートS
1542（7）

ストレートS
1542（2）

ストレートS　1542（4）

ストレートS
1542（14）

ストレートS
COSMO（822）1本取り

ストレートS
1542（6）

P.15　ロココローズの額

材料

本体用布20×25cm　キルト綿、厚紙各10×10cm
エンブロイダリーリボンMOKUBA　1540-3.5mm（002、009、
491）、1542（2、7、11、14）
25番刺繍糸　DMC（3051）、COSMO（822）
5番刺繍糸　DMCパールメタリック糸（5282）
好みの額1枚

出来上がり寸法　内寸9.5×6.5cm

作り方

1. 額に合わせて刺繍をする。
2. 厚紙にキルト綿と本体を重ねて額に入れる。

本体1枚

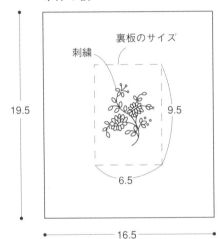

19.5
16.5
裏板のサイズ
刺繍
9.5
6.5

作り方

① 断面図

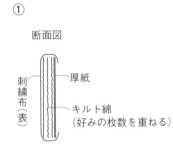

刺繍布（表）
厚紙
キルト綿
（好みの枚数を重ねる）

裏板と同寸のキルト綿、
厚紙を重ね、刺繍布で
周囲をくるんではる

②

額に入れる

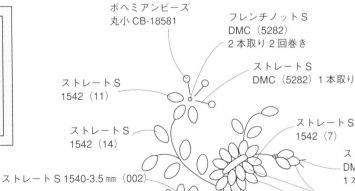

ボヘミアンビーズ
丸小 CB-18581

フレンチノット S
DMC（5282）
2本取り2回巻き

ストレート S
DMC（5282）1本取り

ストレート S
1542（11）

ストレート S
1542（7）

ストレート S
1542（14）

ストレート S
DMC（3051）
1本取り

ストレート S 1540-3.5mm（002）

ストレート S
1542（2）

ストレート S 1542（2）

ストレート S 1540-3.5mm（009）

ストレート S 1540-3.5mm（491）

アウトライン S
DMC（3051）1本取り

アウトライン S
COSMO（822）1本取り

P.16 ナチュラルブーケ／小花のリング

エンブロイダリーリボンはMOKUBA、25番刺繍糸はCOSMOとDMC
ビーズはボヘミアンビーズの丸小、ポンポンブレードをカットしてポンポン部分のみを使う

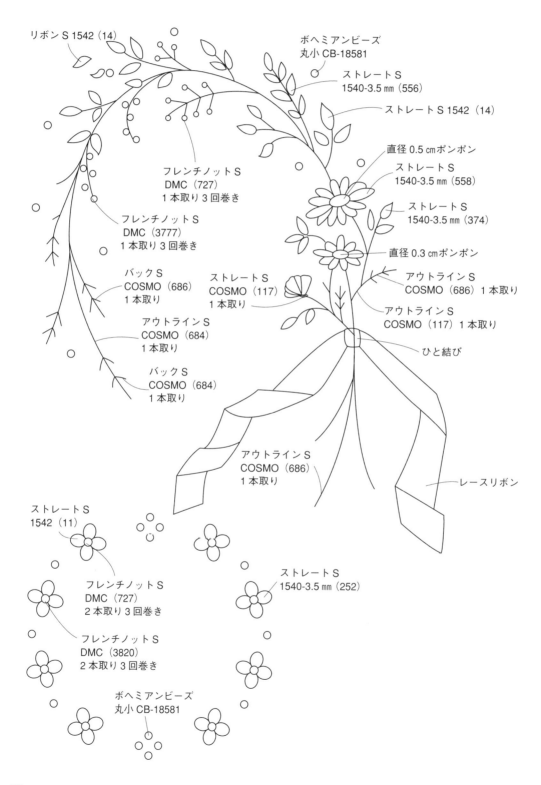

リボンS 1542（14）

ボヘミアンビーズ
丸小 CB-18581

ストレートS
1540-3.5㎜（556）

ストレートS 1542（14）

直径0.5㎝ポンポン

ストレートS
1540-3.5㎜（558）

フレンチノットS
DMC（727）
1本取り3回巻き

ストレートS
1540-3.5㎜（374）

フレンチノットS
DMC（3777）
1本取り3回巻き

直径0.3㎝ポンポン

バックS
COSMO（686）
1本取り

ストレートS
COSMO（117）
1本取り

アウトラインS
COSMO（686）1本取り

アウトラインS
COSMO（117）1本取り

アウトラインS
COSMO（684）
1本取り

ひと結び

バックS
COSMO（684）
1本取り

アウトラインS
COSMO（686）
1本取り

レースリボン

ストレートS
1542（11）

ストレートS
1540-3.5㎜（252）

フレンチノットS
DMC（727）
2本取り3回巻き

フレンチノットS
DMC（3820）
2本取り3回巻き

ボヘミアンビーズ
丸小 CB-18581

P.17 一輪の小花／マーガレットの手鏡

材料

本体用布、キルト綿各10×10cm
エンブロイダリーリボンMOKUBA　1540-3.5mm（491）、1542
（14）
25番刺繍糸　COSMO（686）
直径0.7cmポンポン1個　幅0.8cmレースリボン25cm
直径7cm鏡1枚

出来上がり寸法　直径7cm

作り方

1. 本体に刺繍をする。
2. 本体の周囲をぐし縫いし、キルト綿と鏡を重ねてぐし縫いを引き絞る。
3. 引き絞った布端にレースを重ねてはる。

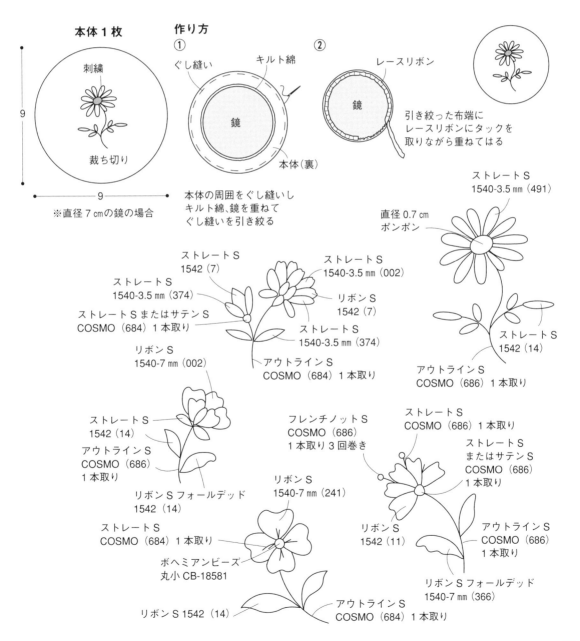

本体1枚

刺繍
9
9
裁ち切り
※直径7cmの鏡の場合

作り方

① ぐし縫い　キルト綿
鏡
本体（裏）

本体の周囲をぐし縫いし
キルト綿、鏡を重ねて
ぐし縫いを引き絞る

② レースリボン
鏡

引き絞った布端に
レースリボンにタックを
取りながら重ねてはる

ストレートS
1540-3.5mm（491）

直径0.7cm
ポンポン

ストレートS
1542（14）

アウトラインS
COSMO（686）1本取り

ストレートS
1542（7）

ストレートS
1540-3.5mm（374）

ストレートまたはサテンS
COSMO（684）1本取り

ストレートS
1540-3.5mm（002）

リボンS
1542（7）

ストレートS
1540-3.5mm（374）

アウトラインS
COSMO（684）1本取り

リボンS
1540-7mm（002）

ストレートS
1542（14）

アウトラインS
COSMO（686）
1本取り

リボンSフォールデッド
1542（14）

ストレートS
COSMO（684）1本取り

ボヘミアンビーズ
丸小 CB-18581

リボンS 1542（14）

フレンチノットS
COSMO（686）
1本取り3回巻き

リボンS
1540-7mm（241）

アウトラインS
COSMO（684）1本取り

ストレートS
COSMO（686）1本取り

ストレートS
またはサテンS
COSMO（686）
1本取り

リボンS
1542（11）

アウトラインS
COSMO（686）
1本取り

リボンSフォールデッド
1540-7mm（366）

P.18 白い小花のリングピロー

材料

本体用布45×20cm
エンブロイダリーリボンMOKUBA　1540-3.5mm（491）
25番刺繍糸　DMC（BLANC）
幅1cmレースリボン50cm　白しつけ糸、手芸綿各適宜
直径0.2cm丸小ビーズ9個　直径0.4cmパールビーズ2個

出来上がり寸法　15×20cm

作り方

1. 本体に刺繍をする。
2. 本体を中表に合わせ、返し口を残して周囲を縫う。
3. 表に返して綿を詰め、パールビーズを付ける。
4. 綿の量を調整してから返し口をとじる。
5. タッセルを作り、角に縫い付ける。

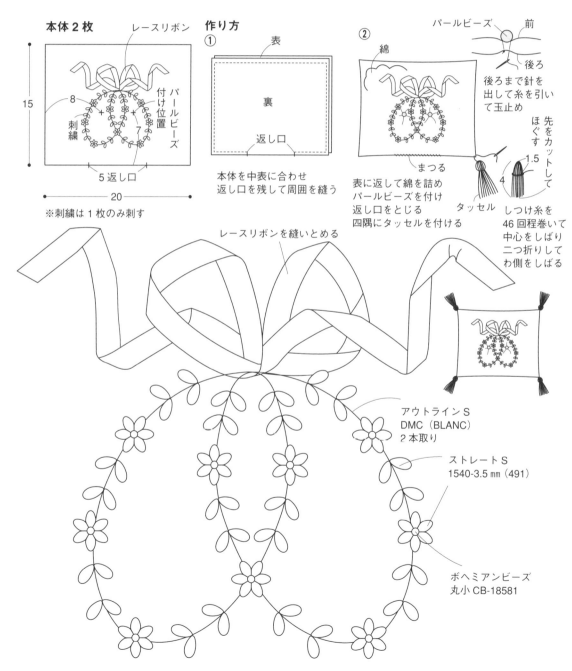

本体2枚
　レースリボン
15
　8
　刺繍
　7
　パールビーズ付け位置
　5 返し口
　20
※刺繍は1枚のみ刺す

作り方
① 表
　裏
　返し口
本体を中表に合わせ
返し口を残して周囲を縫う

② 綿
　まつる
　タッセル
表に返して綿を詰め
パールビーズを付け
返し口をとじる
四隅にタッセルを付ける

パールビーズ　前
　後ろ
後ろまで針を
出して糸を引いて
玉止め
先をカットしてほぐす
1.5
4
しつけ糸を
46回程巻いて
中心をしばり
二つ折りして
わ側をしばる

レースリボンを縫いとめる

アウトラインS
DMC（BLANC）
2本取り

ストレートS
1540-3.5mm（491）

ボヘミアンビーズ
丸小 CB-18581

P.19 白い小花のきんちゃく

材料

本体用布、中袋用布各40×25cm
幅2.5cmリボン70cm
エンブロイダリーリボンMOKUBA　1540-3.5mm（491）
25番刺繍糸　DMC（BLANC）
直径0.2cm丸小ビーズ12個

出来上がり寸法　21×16cm

作り方

1. 本体に刺繍をする。
2. 本体と中袋を中表に合わせ、口を縫う。
3. 本体同士、中袋同士を中表に合わせ、ひも通し口と返し口を残して周囲を縫う。
4. 表に返して返し口をとじ、ひも通し口の上下を縫ってリボンを通す。

本体、中袋各2枚

脇　　中心　　脇

ひも通し口

刺繍

4

2

21

16

※刺繍は本体の1枚のみ刺す

作り方

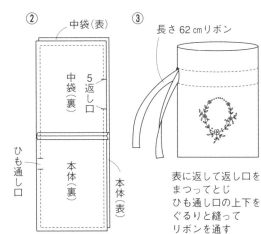

① 中袋（表）

本体（裏）

本体と中袋を中表に合わせ、口を縫う

② 中袋（表）

中袋（裏）

5 返し口

ひも通し口

本体（裏）

本体（表）

①をひらいて本体同士、中袋同士を中表に合わせ、ひも通し口と返し口を残して周囲を縫う

③ 長さ62cmリボン

表に返して返し口をまつってとじ
ひも通し口の上下をぐるりと縫ってリボンを通す

ボヘミアンビーズ
丸小 CB-18549

アウトラインS
DMC（BLANC）
2本取り

フレンチノットS
DMC（BLANC）
2本取り2回巻き

ストレートS
1540-3.5mm（491）

フレンチノットS
DMC（BLANC）
2本取り3回巻き

P.24　スミレ

エンブロイダリーリボンはMOKUBA、25番刺繍糸はCOSMOとDMC
ビーズはボヘミアンビーズの丸小、黒のコードは好みのものを使う

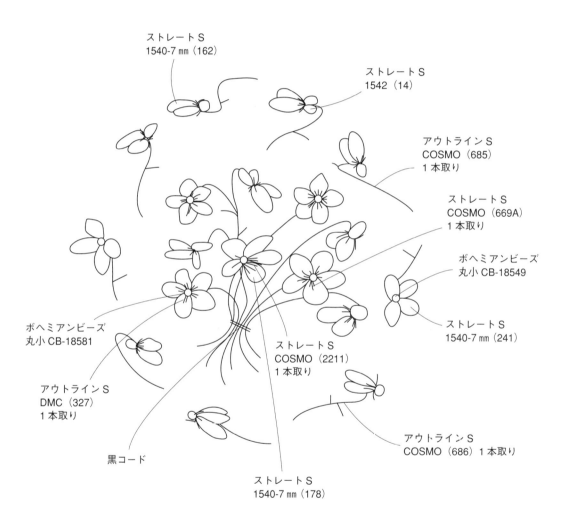

ストレートS
1540-7 mm（162）

ストレートS
1542（14）

アウトラインS
COSMO（685）
1本取り

ストレートS
COSMO（669A）
1本取り

ボヘミアンビーズ
丸小 CB-18549

ストレートS
1540-7 mm（241）

ボヘミアンビーズ
丸小 CB-18581

ストレートS
COSMO（2211）
1本取り

アウトラインS
DMC（327）
1本取り

黒コード

ストレートS
1540-7 mm（178）

アウトラインS
COSMO（686）1本取り

P.25　スミレのニードルケース

材料

本体用布25×20cm　内側布、厚紙、キルト綿各20×15cm
フェルト20×20cm
幅1.5cmレースリボン50cm　幅0.5cmリボン30cm
エンブロイダリーリボンMOKUBA　1540-3.5mm（238、241、252、
491）、1542（14）
25番刺繍糸　DMC（3052）、COSMO（822、824）
直径0.2cm丸小ビーズ2個

作り方

1. 本体に刺繍をする。
2. 厚紙にキルト綿を重ねて本体でくるんではる。
3. 2.に内側布を重ねてはる。ここで内側にさらに
   厚紙を付けてもよい。
4. フェルトを重ねてはり、ひもでまとめる。
5. 本体前の周囲にぐるりとレースリボンをはり、リ
   ボンを結んではる。

出来上がり寸法　11.5×9.5cm

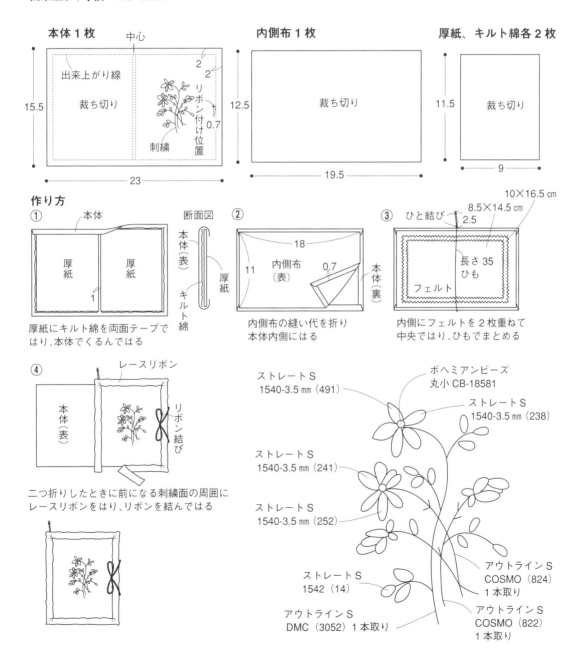

エンブロイダリーリボンはMOKUBA、25番刺繍糸はCOSMOとDMC
リボンはポンポンブレード

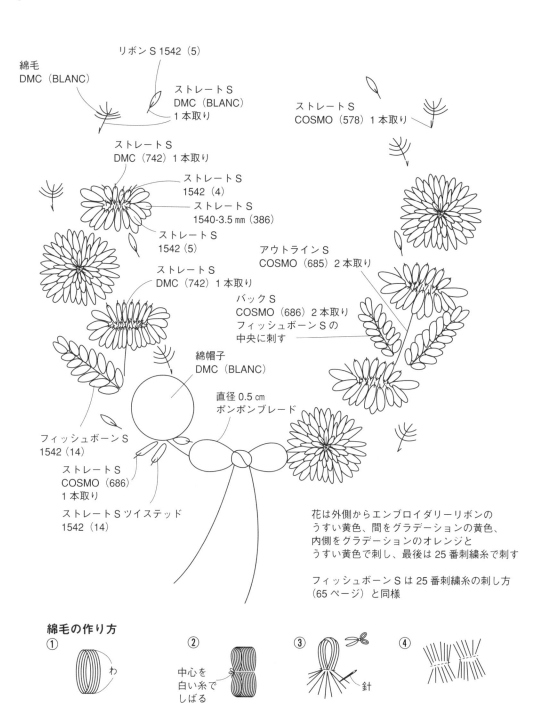

リボン S 1542（5）

綿毛
DMC（BLANC）

ストレート S
DMC（BLANC）
1本取り

ストレート S
COSMO（578）1本取り

ストレート S
DMC（742）1本取り

ストレート S
1542（4）

ストレート S
1540-3.5㎜（386）

ストレート S
1542（5）

ストレート S
DMC（742）1本取り

アウトライン S
COSMO（685）2本取り

バック S
COSMO（686）2本取り
フィッシュボーン S の
中央に刺す

綿帽子
DMC（BLANC）

直径 0.5㎝
ポンポンブレード

フィッシュボーン S
1542（14）

ストレート S
COSMO（686）
1本取り

ストレート S ツイステッド
1542（14）

花は外側からエンブロイダリーリボンの
うすい黄色、間をグラデーションの黄色、
内側をグラデーションのオレンジと
うすい黄色で刺し、最後は 25 番刺繍糸で刺す

フィッシュボーン S は 25 番刺繍糸の刺し方
（65 ページ）と同様

綿毛の作り方

① わ

刺繍糸を人差し指
（綿帽子は人差し指と
中指の 2 本）に
5 回ほど巻いて輪にする

② 中心を
白い糸で
しばる

指から抜いて
中心をしばる

③ 針

布に中心を縫いとめ
輪をカットして
針などで糸をほぐす

④

綿ぼうしはこれを
2、3 回くり返してまとめる

エンブロイダリーリボンはMOKUBA、25番刺繍糸はCOSMO

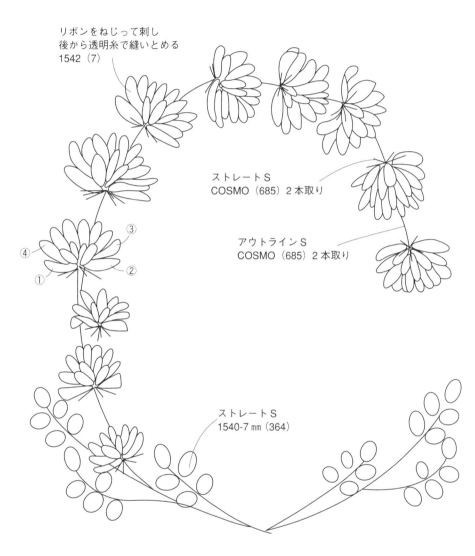

リボンをねじって刺し
後から透明糸で縫いとめる
1542（7）

ストレートS
COSMO（685）2本取り

アウトラインS
COSMO（685）2本取り

③
④
①
②

ストレートS
1540-7mm（364）

花は①～④くらいまではエンブロイダリーリボンを
リボンステッチフォールデッド、リボンステッチサイドなどの
刺し方でねじって形を整えてから、好みで透明な糸でとめて
ニュアンスを付ける
下の花びらは左右対象に刺す

P.28 ポピー

エンブロイダリーリボンはMOKUBA、25番刺繍糸はCOSMOとDMC
ポンポンブレードをカットしてポンポン部分のみを使う

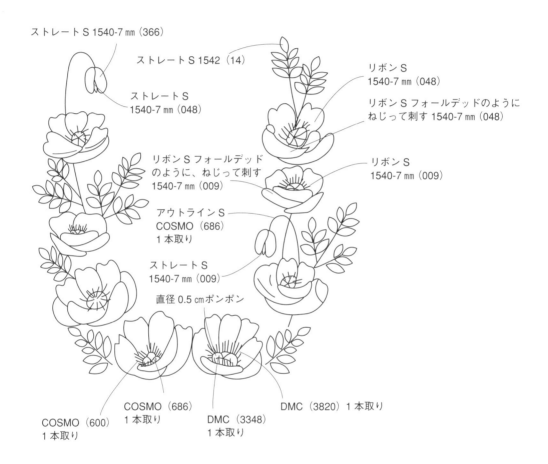

ストレートS 1540-7 mm（366）

ストレートS 1542（14）

ストレートS
1540-7 mm（048）

リボンS
1540-7 mm（048）

リボンS フォールデッドのように
ねじって刺す 1540-7 mm（048）

リボンS フォールデッド
のように、ねじって刺す
1540-7 mm（009）

リボンS
1540-7 mm（009）

アウトラインS
COSMO（686）
1本取り

ストレートS
1540-7 mm（009）

直径 0.5 cmポンポン

COSMO（686）
1本取り

DMC（3820）1本取り

COSMO（600）
1本取り

DMC（3348）
1本取り

花芯の作り方

① 中心を
縫いとめる

刺繍糸を好みで3本ほどを
縫い止めてほぐす

② ポンポンブレードをカット

刺繍糸を渡す

①の上にポンポンを重ね
刺繍糸で中心から周囲に
向かって縫いとめる

P.29　サクランボ

エンブロイダリーリボンはMOKUBA、25番刺繍糸はCOSMOとDMC

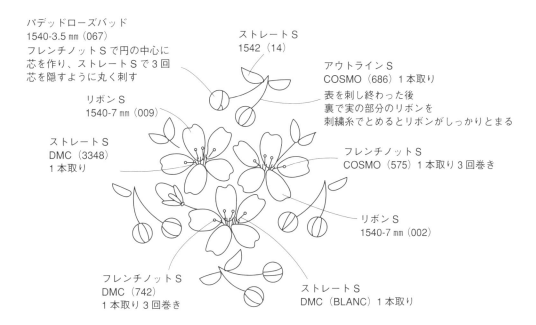

パデッドローズバッド
1540-3.5㎜（067）
フレンチノットSで円の中心に
芯を作り、ストレートSで3回
芯を隠すように丸く刺す

ストレートS
1542（14）

アウトラインS
COSMO（686）1本取り
表を刺し終わった後
裏で実の部分のリボンを
刺繍糸でとめるとリボンがしっかりとまる

リボンS
1540-7㎜（009）

ストレートS
DMC（3348）
1本取り

フレンチノットS
COSMO（575）1本取り3回巻き

リボンS
1540-7㎜（002）

フレンチノットS
DMC（742）
1本取り3回巻き

ストレートS
DMC（BLANC）1本取り

P.30 スズラン

エンブロイダリーリボンはMOKUBA、25番刺繍糸はCOSMOとDMC
中心の輪は革用の麻手縫糸、周囲のスズランの花はチェコガラスパール

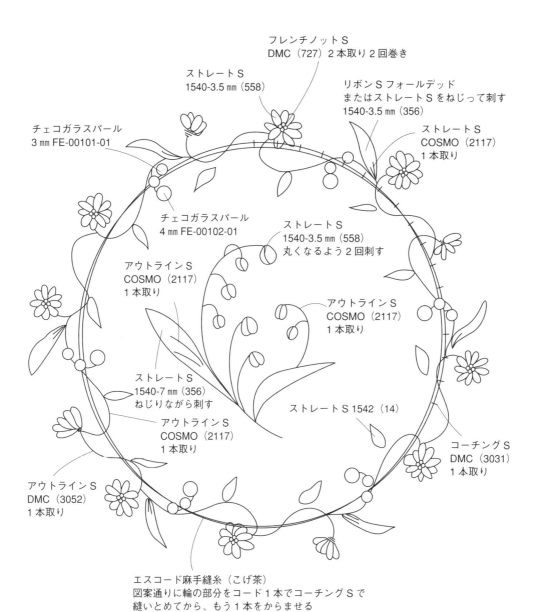

フレンチノット S
DMC（727）2本取り2回巻き

ストレート S
1540-3.5 mm（558）

リボン S フォールデッド
またはストレート S をねじって刺す
1540-3.5 mm（356）

チェコガラスパール
3 mm FE-00101-01

ストレート S
COSMO（2117）
1本取り

チェコガラスパール
4 mm FE-00102-01

ストレート S
1540-3.5 mm（558）
丸くなるよう2回刺す

アウトライン S
COSMO（2117）
1本取り

アウトライン S
COSMO（2117）
1本取り

ストレート S
1540-7 mm（356）
ねじりながら刺す

ストレート S 1542（14）

アウトライン S
COSMO（2117）
1本取り

コーチング S
DMC（3031）
1本取り

アウトライン S
DMC（3052）
1本取り

エスコード麻手縫糸（こげ茶）
図案通りに輪の部分をコード1本でコーチング S で
縫いとめてから、もう1本をからませる

P.31 ムスカリ

エンブロイダリーリボンはMOKUBA、25番刺繍糸はCOSMOとDMC
ビーズはボヘミアンビーズの丸小

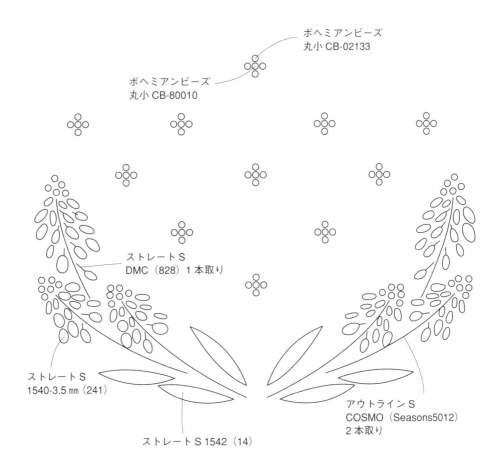

ボヘミアンビーズ
丸小 CB-02133

ボヘミアンビーズ
丸小 CB-80010

ストレートS
DMC（828）1本取り

ストレートS
1540-3.5㎜（241）

アウトラインS
COSMO（Seasons5012）
2本取り

ストレートS 1542（14）

P.32　ワスレナグサ

エンブロイダリーリボンはMOKUBA、25番刺繍糸はCOSMO
ビーズはボヘミアンビーズの丸小

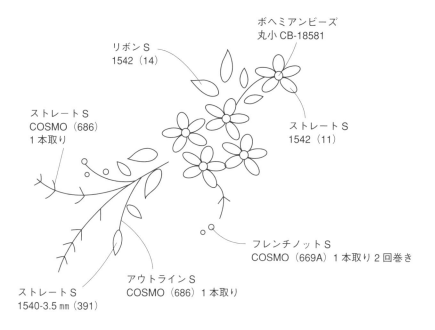

ボヘミアンビーズ
丸小 CB-18581

リボンS
1542（14）

ストレートS
COSMO（686）
1本取り

ストレートS
1542（11）

フレンチノットS
COSMO（669A）1本取り2回巻き

ストレートS
1540-3.5㎜（391）

アウトラインS
COSMO（686）1本取り

ワスレナグサの十字架モチーフ

材料

A 本体用布、裏布各10×10cm　幅0.2cmコード25cm
直径0.4cmポンポン、直径0.2cm丸小ビーズ2種各適宜
エンブロイダリーリボンMOKUBA　1540-3.5mm（241、252）
25番刺繍糸　COSMO（822）
B 本体用フェルト10×10cm　幅1.4cmレースリボン15cm
幅0.3cmコード25cm
エンブロイダリーリボンMOKUBA　1542（11）
25番刺繍糸　DMC（3852）

出来上がり寸法　A6.3×5.3cm　B6×4.6cm

作り方

1. 本体に刺繍を好みで刺し、ポンポンブレードを
   カットしたポンポン、ビーズを付ける。
2. コードを付ける。
3. 裏に裏布（レースリボン）を付ける。

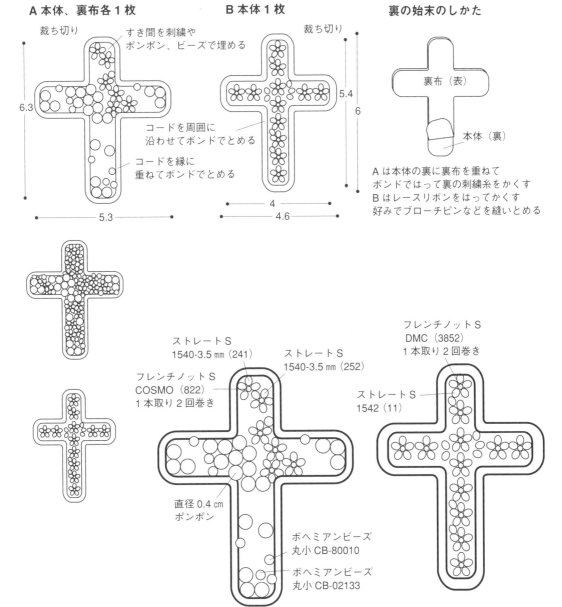

A 本体、裏布各1枚

裁ち切り

すき間を刺繍や
ポンポン、ビーズで埋める

6.3

コードを周囲に
沿わせてボンドでとめる

コードを縁に
重ねてボンドでとめる

5.3

B 本体1枚

裁ち切り

5.4

6

4

4.6

裏の始末のしかた

裏布（表）

本体（裏）

A は本体の裏に裏布を重ねて
ボンドではって裏の刺繍糸をかくす
B はレースリボンをはってかくす
好みでブローチピンなどを縫いとめる

ストレートS
1540-3.5mm（241）

フレンチノットS
COSMO（822）
1本取り2回巻き

ストレートS
1540-3.5mm（252）

直径0.4cm
ポンポン

ボヘミアンビーズ
丸小 CB-80010

ボヘミアンビーズ
丸小 CB-02133

フレンチノットS
DMC（3852）
1本取り2回巻き

ストレートS
1542（11）

材料

本体用布（裏布分含む）30×15cm

当て布、厚さ0.8cmメラミンスポンジ、キルト綿各10×10cm

幅0.4cmレースリボン30cm　幅2cmリボン30cm

厚紙25×10cm　直径0.3cmひも30cm

直径0.2cm丸小ビーズ1個

エンブロイダリーリボンMOKUBA　1540-3.5mm（241）、1540-7mm

（514）、1542（14）

25番刺繍糸　DMC（727、3820）、COSMO（686）

作り方

1. 本体前に刺繍をする。
2. メラミンスポンジは厚さ0.8cmにカットし、ヤスリで形を整えて針刺しを作る。
3. 本体前と後ろをそれぞれ作る。
4. 本体前、針刺し、本体後ろをはり合わせる。
5. ひもを結んで針刺しの頂点にはる。

出来上がり寸法　9×7cm

**本体前、本体後ろ、キルト綿、裏布各1枚
厚紙大2枚**

9

7

刺繍

**当て布、
メラミンスポンジ
厚紙小各1枚**

8.5

裁ち切り

6.5

※キルト綿、厚紙は裁ち切り

針刺し部分の作り方

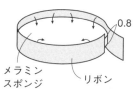

0.8

メラミンスポンジ　リボン

メラミンスポンジの側面に
リボンを巻き、上下をはる

作り方

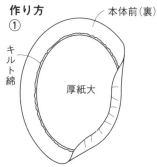

① 本体前（裏）

キルト綿

厚紙大

厚紙大1枚に両面テープで
キルト綿をはり、本体前でくるむ
厚紙小はキルト綿をはらずに
裏布でくるんで同様に作る

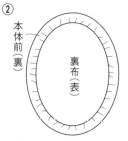

② 本体前（裏）

裏布（表）

①の本体前の裏に裏布を
はって縫い代をかくす

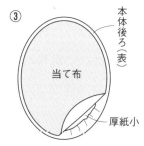

③ 本体後ろ（表）

当て布

厚紙小

厚紙小を本体後ろでくるんで
当て布をはって縫い代をかくす
後ろは当て布のみをはる

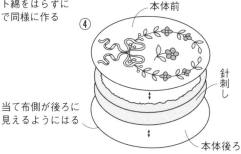

④ 本体前

針刺し

当て布側が後ろに
見えるようにはる

本体後ろ

本体前、針刺し、本体後ろを重ねて
はり合わせる

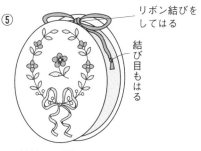

⑤ リボン結びを
してはる

結び目もはる

針刺しの頂点にリボン結び
したひもをはり付ける

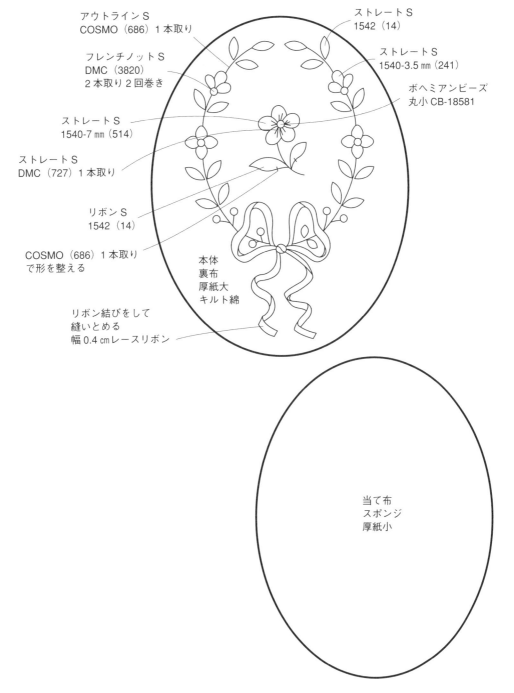

アウトラインS
COSMO（686）1本取り

フレンチノットS
DMC（3820）
2本取り2回巻き

ストレートS
1540-7mm（514）

ストレートS
DMC（727）1本取り

リボンS
1542（14）

COSMO（686）1本取り
で形を整える

リボン結びをして
縫いとめる
幅0.4cmレースリボン

ストレートS
1542（14）

ストレートS
1540-3.5mm（241）

ボヘミアンビーズ
丸小 CB-18581

本体
裏布
厚紙大
キルト綿

当て布
スポンジ
厚紙小

P.35　ワスレナグサの小箱

材料

ふた用布（ふた縁布、ふた内側側面布、本体分含む）45×15cm
ふた内側布（本体内側布、本体内底布分含む）45×15cm
本体外側当て紙10×10cm　厚紙60×10cm
幅1.5cmレースリボン30cm　直径0.2cm丸小ビーズ3種適宜
ガムテープ芯直径8cmふた用高さ1.5cm、本体用高さ5cm
エンブロイダリーリボンMOKUBA　1540-3.5mm（241、252）、1542
（11、14）
25番刺繍糸　COSMO（685、Seasons8037）

出来上がり寸法　直径8cm　高さ7.5cm

作り方

1. ふたに刺繍をする。
2. ふた、ふた内側、ふた内側側面を作り、はり合わせてふたをまとめる。ふた内側は内側をはがして本体にはまるように少し薄くする。
3. 外側側面にレースリボンをはる。
4. 本体、本体内側、内底を作り、はり合わせて本体をまとめる。
5. 本体とふたを合わせる。

ふた1枚
刺繍
裁ち切り

ふた外側厚紙、キルト綿各1枚
8
裁ち切り

11

ふた内側布1枚
9
裁ち切り

ふた内側厚紙1枚
7.6
裁ち切り

ふたの作り方
ふた（裏）　キルト綿
ふた外側厚紙
切り込み
3枚を重ねて
両面テープではり
のり代に切り込みを入れる

ふた内側の作り方
ふた内側布（裏）
切り込み
ふた内側厚紙
2枚を重ねてはり
のり代に切り込みを入れる

ふた縁布1枚
2
裁ち切り
28

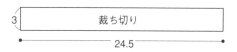

ふた内側側面布1枚
3
裁ち切り
24.5

ふた内側側面厚紙1枚
1.7
裁ち切り
23.5

ふた内側側面の作り方
ふた内側側面布（表）　ふた内側側面厚紙
ふた内側側面用布に厚紙を重ね、上下ののり代をはる

ふたのまとめ方

① 接着剤をぬる
1.5　直径8 ふた用芯
ふた用芯の上側に
接着剤をぬる

② 接着剤をぬる
ふた（表）
ふた用芯
側面
のり代
①にふたを重ねてはり、側面にのり代をはる
ふた用芯の内側の厚紙をはいで薄くする

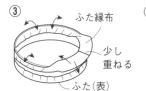

③ ふた縁布
少し重ねる
ふた（表）
ふたを返し、縁にふた縁布をかぶせ
のり代を側面外側と内側にはる

④ ふた内側布
ふた（表）
③にふた内側布をはる

⑤ ふた内側側面
ふた（表）
ふた内側側面を継ぎ目の厚紙が重ならないように調整しながらはる

⑥ ふた（表）
レースリボン
側面にリボンをはる

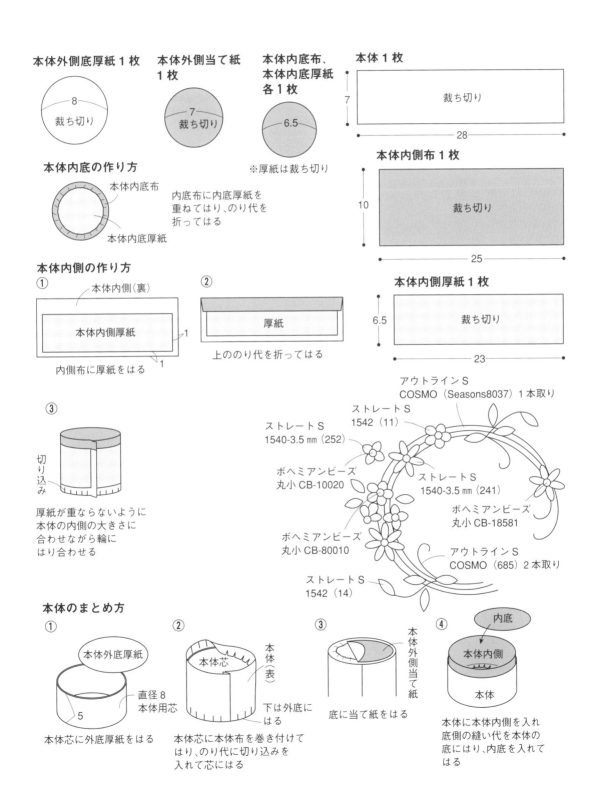

本体外側底厚紙 1 枚

8
裁ち切り

本体外側当て紙 1 枚

7
裁ち切り

本体内底布、本体内底厚紙 各 1 枚

6.5

※厚紙は裁ち切り

本体 1 枚

7
28
裁ち切り

本体内側布 1 枚

10
25
裁ち切り

本体内側厚紙 1 枚

6.5
23
裁ち切り

本体内底の作り方

本体内底布
本体内底厚紙

内底布に内底厚紙を重ねてはり、のり代を折ってはる

本体内側の作り方

① 本体内側（裏）
本体内側厚紙
1
1
内側布に厚紙をはる

② 厚紙
上ののり代を折ってはる

③ 切り込み
厚紙が重ならないように本体の内側の大きさに合わせながら輪にはり合わせる

アウトライン S
COSMO（Seasons8037）1 本取り

ストレート S
1542（11）

ストレート S
1540-3.5 mm（252）

ボヘミアンビーズ
丸小 CB-10020

ストレート S
1540-3.5 mm（241）

ボヘミアンビーズ
丸小 CB-18581

ボヘミアンビーズ
丸小 CB-80010

アウトライン S
COSMO（685）2 本取り

ストレート S
1542（14）

本体のまとめ方

① 本体外底厚紙
直径 8 本体用芯
5
本体芯に外底厚紙をはる

② 本体芯
本体（表）
下は外底にはる
本体芯に本体布を巻き付けてはり、のり代に切り込みを入れて芯にはる

③ 本体外側当て紙
底に当て紙をはる

④ 内底
本体内側
本体
本体に本体内側を入れ底側の縫い代を本体の底にはり、内底を入れてはる

P.37 シロツメクサのミニバッグ

材料

本体用布、中袋用布各60×25cm　幅18cm高さ6.5cmがま口金1個
幅0.4cmリボン140cm　直径0.2cm丸小ビーズ7個
エンブロイダリーリボンMOKUBA　1540-3.5mm（491、558）、
1540-7mm（364、366）
25番刺繍糸　COSMO（578、686）

出来上がり寸法　20×24.5cm

作り方

1. 本体に刺繍をする。
2. 本体と中袋をそれぞれ中表に合わせて縫う。
3. 本体と中袋を中表に合わせて口を縫う。
4. 表に返して返し口をとじ、がま口金を付ける。
5. 持ち手用のリボンを付ける。

本体、中袋各 2 枚

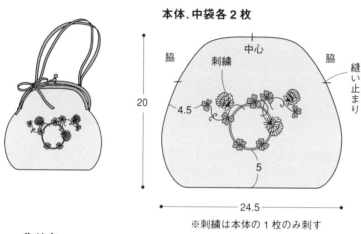

※刺繍は本体の 1 枚のみ刺す

作り方

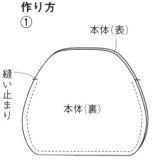

① 本体と中袋をそれぞれ中表に
合わせて縫い止まりから下を縫う

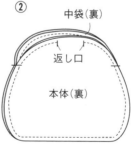

② 中袋を表に返して
本体の中に入れて中表に
合わせ、ぐるりと口を縫う

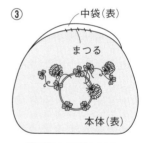

③ 表に返して返し口を
まつってとじる

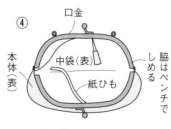

④ 口金の溝にボンドを入れて
本体を押し込み
さらに紙ひもを入れる

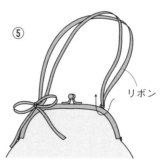

⑤ 持ち手用のリボンを付ける

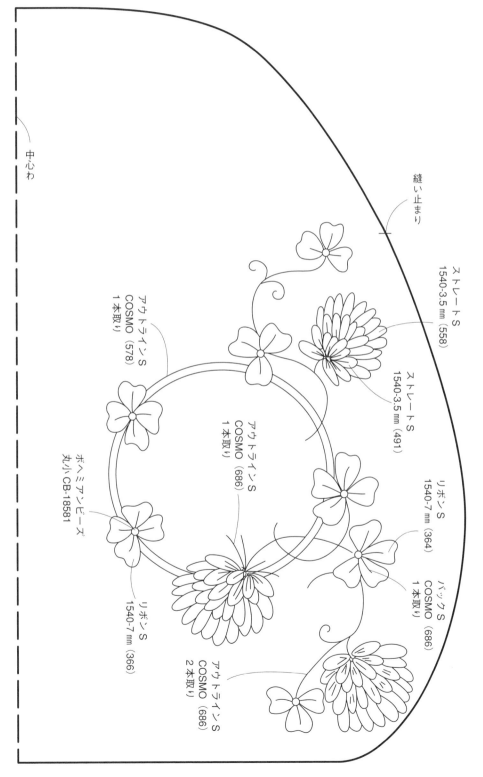

中心わ

縫い止まり

ストレートS
1540-3.5㎜ (558)

ストレートS
1540-3.5㎜ (491)

リボンS
1540-7㎜ (364)

バックS
COSMO (686)
1本取り

アウトラインS
COSMO (578)
1本取り

アウトラインS
COSMO (686)
1本取り

ボヘミアンビーズ
丸小 CB-18581

リボンS
1540-7㎜ (366)

アウトラインS
COSMO (686)
2本取り

P.39 ライラックのバッグ

材料

本体用布、中袋用布各65×35cm　付け幅20.5cm木製持ち手1組
エンブロイダリーリボンMOKUBA　1542 (9)
25番刺繍糸　DMC (727、3781、3820)、COSMO (826)

出来上がり寸法　24×29cm

作り方

1. 本体に刺繍をする。
2. 本体と中袋を中表に合わせて口を縫う。
3. 2.をひらき、本体と中袋をそれぞれ中表に合わせて脇と底を縫う。
4. 本体に中袋を中表に入れ、あき止まりまで脇を縫う。
5. 表に返して返し口をとじる。
6. 本体に持ち手を通して縫う。

本体、中袋各2枚

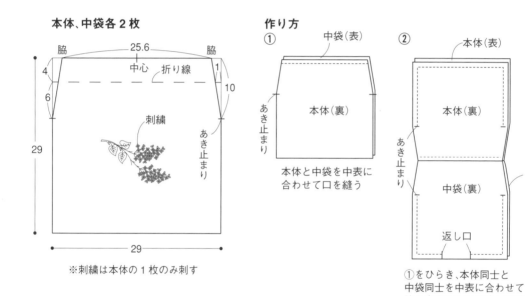

※刺繍は本体の1枚のみ刺す

作り方

① 本体と中袋を中表に合わせて口を縫う

① をひらき、本体同士と中袋同士を中表に合わせて脇と底を返し口を残して縫う

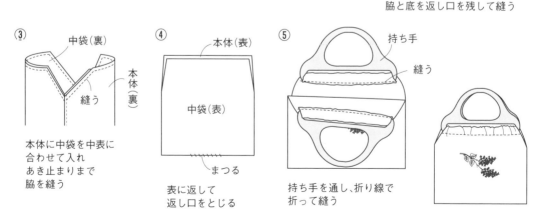

③ 本体に中袋を中表に合わせて入れあき止まりまで脇を縫う

④ 表に返して返し口をとじる

⑤ 持ち手を通し、折り線で折って縫う

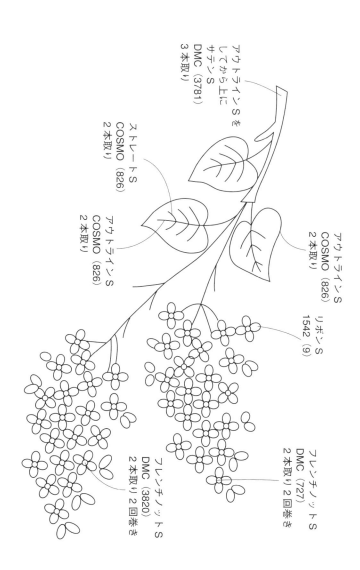

アウトラインSを
してから上に
サテンS
DMC（3781）
3本取り

アウトラインS
COSMO（826）
2本取り

ストレートS
COSMO（826）
2本取り

アウトラインS
COSMO（826）
2本取り

アウトラインS
COSMO（826）
2本取り

リボンS
1542（9）

フレンチノットS
DMC（727）
2本取り2回巻き

フレンチノットS
DMC（3820）
2本取り2回巻き

P.40 ラベンダー

エンブロイダリーリボンはMOKUBA、25番刺繍糸はCOSMO

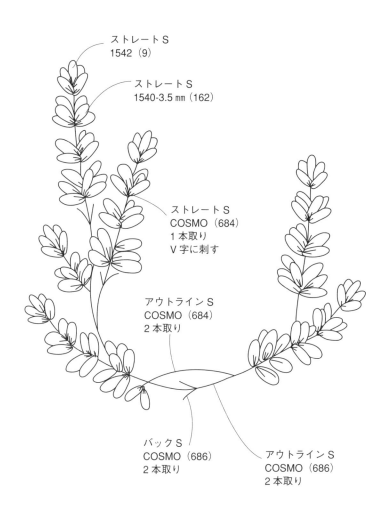

ストレートS
1542（9）

ストレートS
1540-3.5㎜（162）

ストレートS
COSMO（684）
1本取り
V字に刺す

アウトラインS
COSMO（684）
2本取り

バックS
COSMO（686）
2本取り

アウトラインS
COSMO（686）
2本取り

P.41　エーデルワイス

エンブロイダリーリボンはMOKUBA、25番刺繍糸はCOSMO
茎の一部はダーニング糸、ポンポンブレードをカットしてポンポン部分のみを使う

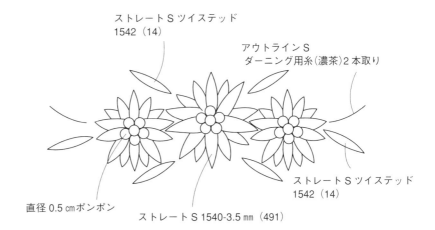

ストレートS ツイステッド
1542（14）

アウトラインS
ダーニング用糸（濃茶）2本取り

ストレートS ツイステッド
1542（14）

直径0.5cmポンポン

ストレートS 1540-3.5mm（491）

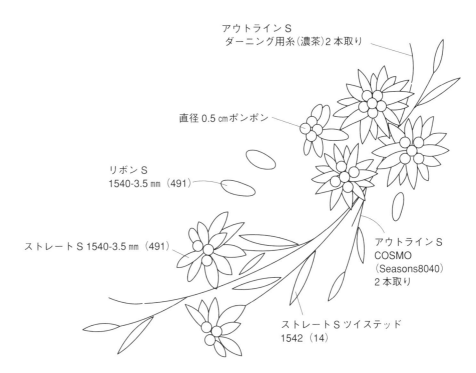

アウトラインS
ダーニング用糸（濃茶）2本取り

直径0.5cmポンポン

リボンS
1540-3.5mm（491）

ストレートS 1540-3.5mm（491）

アウトラインS
COSMO
（Seasons8040）
2本取り

ストレートS ツイステッド
1542（14）

P.21 ロココトリムのサシェとブローチ

材料

サシェ 本体用布25×15cm　レース地20×10cm

ロココトリム花3つ15cm　幅0.5cmレースリボン20cm　ポプリ適宜

ブローチ ロココトリム花3つ13.5cm　長さ2.5cm安全ピン1個

出来上がり寸法　サシェ9×9.5cm　ブローチ幅6.5cm

作り方のポイント

●ロココトリムの作り方は63ページ参照。ロココトリムにはエンブロイダリーリボンMOKUBA　1540-7mm（470）、1542（14）を使用。

作り方

1. ロココトリムを作る。
2. ブローチは両端を折ってボンドでとめ、ピンを付けたら完成。
3. サシェは本体を中表に合わせて袋に縫う。
4. レースの脇をボンドでとめて輪にする。
5. 本体にレースを重ねて口を折り、タックをよせる。
6. ロココトリムとレースリボンを付ける。

本体2枚

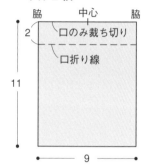

レース1枚

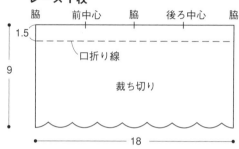

レースの作り方

脇をボンドではり合わせて
輪にし、口を折り線で折る

作り方

①

本体を中表に合わせて
脇と底を縫う

②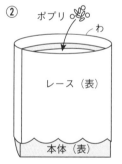

本体の口を折り線で折り
レースを脇を合わせて重ねて
中にポプリを入れる

③

前と後ろを合わせて
タックをよせ
縫いとめる

④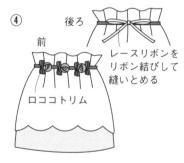

ロココトリムを重ねて巻き
ところどころ縫いとめる
後ろにレースリボンをリボン結び
して縫いとめる

ロココトリム1本

作り方

①

ベースのリボンを後ろに
折り、ボンドでとめる

②

安全ピンやブローチピン
など好みのものを
透明糸で後ろに縫い付ける

P.43 ブローチ

材料

共通　本体用布10×10cm　くるみボタン芯1個

マーガレット　エンブロイダリーリボンMOKUBA　1540-3.5mm（366、491）、1542（5、14）

25番刺繍糸　COSMO（685、686）

直径0.2cm丸小ビーズ15個　直径0.4・0.7cmポンポン各1個

ロココフラワー　エンブロイダリーリボンMOKUBA　1542（5、7、9、14）

25番刺繍糸　COSMO（674、686）　直径0.2cm丸小ビーズ2個

タンポポ　エンブロイダリーリボンMOKUBA　1540-3.5mm（401）、1542（5、14）

25番刺繍糸　DMC（BLANC、3820）、COSMO（577、684）

小麦　エンブロイダリーリボンMOKUBA　1540-3.5mm（366、440）、1542（15、16）

25番刺繍糸　DMC（3781）、COSMO（576、684、Seasons8037）

出来上がり寸法　5.5×4cm　直径3.8cm

作り方

1. 刺繍をする。タンポポの綿毛の作り方は82ページ、小麦の刺し方は60ページ参照。
2. 布をカットして市販のくるみボタン芯でくるみ、パーツをはめる。
3. 好みでブローチなどにする。

本体各1枚

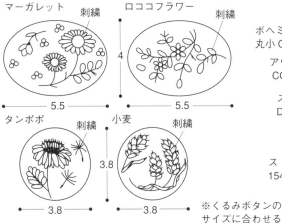

マーガレット　刺繍
5.5
4

ロココフラワー　刺繍
5.5
4

タンポポ　刺繍
3.8
3.8

小麦　刺繍
3.8
3.8

※くるみボタンのサイズに合わせる

アウトラインS
COSMO（684）
1本取り

ストレートS
1540-3.5mm（366）

ストレートS
1542（5）

直径0.7cmポンポン
ストレートS
1540-3.5mm（491）

ボヘミアンビーズ
丸小 CB-18581

直径0.4cm
ポンポン
ストレートS
COSMO（685）
1本取り

アウトラインS
COSMO（685）1本取り

ストレートS
1542（14）

ストレートS
DMC（3820）2本取り

ストレートS
1542（5）

ストレートS
1540-3.5mm（401）

綿毛
DMC（BLANC）25番

ストレートS
DMC（BLANC）
1本取り

ストレートS
COSMO（577）
1本取り

フィッシュボーンS
1542（14）

アウトラインS
COSMO（684）2本取り

フィッシュボーンS変形
1542（15）

ストレートS
COSMO（576）
1本取り

アウトラインS
COSMO（576）
1本取り

フィッシュボーンS変形
1542（16）

ストレートS
COSMO（8037）
1本取り

ストレートS
COSMO（684）
1本取り

ストレートS
ツイステッド
1540-3.5mm（366）

アウトラインS
DMC（3781）
1本取り

ストレートS ツイステッド
1540-3.5mm（440）

アウトラインS
COSMO（Seasons8037）
1本取り

アウトラインS
COSMO（686）
1本取り

ストレートS
1542（9）

ストレートS
1542（7）

ストレートS
1542（14）

アウトラインS
COSMO（674）
1本取り

ストレートS
1542（5）

ボヘミアンビーズ
丸小 CB-18581

ストレートS
COSMO（674）
1本取り

P.44 小麦

エンブロイダリーリボンはMOKUBA、25番刺繍糸はCOSMOとDMC
小麦の刺し方は60ページ参照

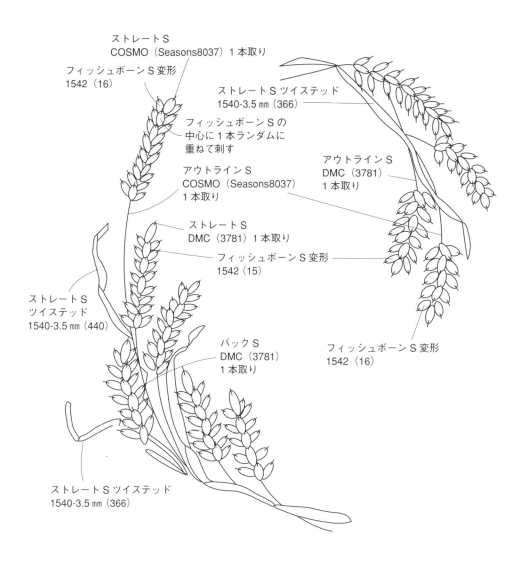

ストレートS
COSMO（Seasons8037）1本取り

フィッシュボーンS変形
1542（16）

ストレートS ツイステッド
1540-3.5㎜（366）

フィッシュボーンSの
中心に1本ランダムに
重ねて刺す

アウトラインS
DMC（3781）
1本取り

アウトラインS
COSMO（Seasons8037）
1本取り

ストレートS
DMC（3781）1本取り

フィッシュボーンS変形
1542（15）

ストレートS
ツイステッド
1540-3.5㎜（440）

バックS
DMC（3781）
1本取り

フィッシュボーンS変形
1542（16）

ストレートS ツイステッド
1540-3.5㎜（366）

P.45　小麦のブックカバー

材料

本体用布、裏布各40×20cm　幅1cmベルト用テープ20cm
エンブロイダリーリボンMOKUBA　1540-3.5mm（440）、1542
（15、16）
25番刺繍糸　DMC（3781）、COSMO（Seasons8037）

出来上がり寸法　16.5×11.5cm

作り方

1. 本体に刺繍をする。小麦の刺し方は60ページ参照。
2. 本体と裏布を中表に合わせ、見返し側を縫う。
3. 折り線で内側に折り込み、ベルトをはさんで返し口を残して縫う。
4. 表に返して、返し口をとじる。

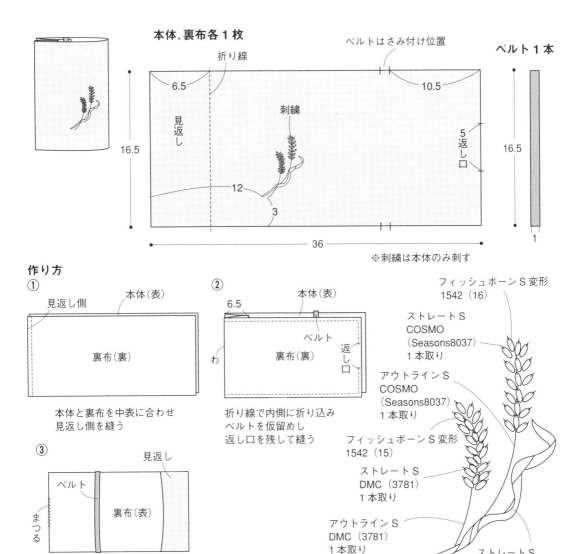

本体、裏布各1枚

折り線

ベルトはさみ付け位置

ベルト1本

6.5
10.5
16.5
見返し
刺繍
5 返し口
16.5
12
3
36
1

※刺繍は本体のみ刺す

作り方

① 見返し側　本体（表）
裏布（裏）

本体と裏布を中表に合わせ
見返し側を縫う

② 6.5　本体（表）
ベルト
わ
裏布（裏）
返し口

折り線で内側に折り込み
ベルトを仮留めし
返し口を残して縫う

③ 見返し
ベルト
まつる
裏布（表）

表に返して返し口をとじる

フィッシュボーンS変形
1542（16）

ストレートS
COSMO
（Seasons8037）
1本取り

アウトラインS
COSMO
（Seasons8037）
1本取り

フィッシュボーンS変形
1542（15）

ストレートS
DMC（3781）
1本取り

アウトラインS
DMC（3781）
1本取り

ストレートS
ツイステッド
1540-3.5mm（440）

P.46 ホップ

エンブロイダリーリボンはMOKUBA、25番刺繍糸はDMC

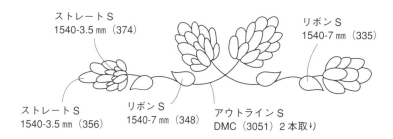

ストレートS
1540-3.5㎜（374）

リボンS
1540-7㎜（335）

ストレートS
1540-3.5㎜（356）

リボンS
1540-7㎜（348）

アウトラインS
DMC（3051）2本取り

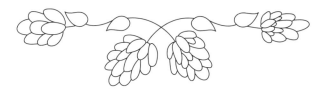

葉は先端から茎に向かって刺し
透明糸で葉を固定する

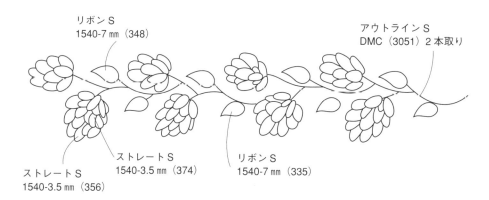

リボンS
1540-7㎜（348）

アウトラインS
DMC（3051）2本取り

ストレートS
1540-3.5㎜（374）

リボンS
1540-7㎜（335）

ストレートS
1540-3.5㎜（356）

P.47 オリーブ

エンブロイダリーリボンはMOKUBA、25番刺繍糸はCOSMOとDMC
実はウッドビーズ、もしくはビーズや刺繍を中に入れたパデッドローズバッド

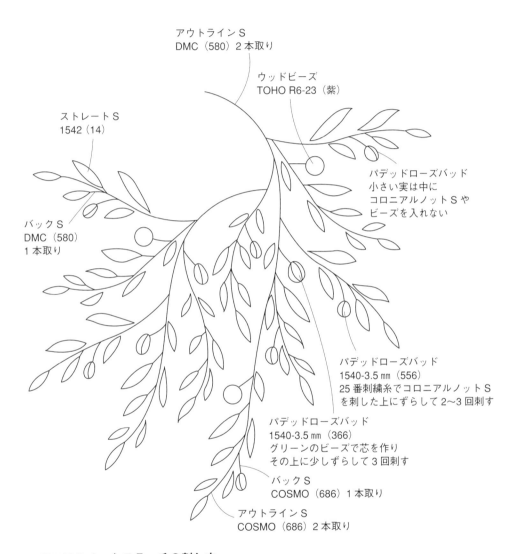

アウトラインS
DMC（580）2本取り

ウッドビーズ
TOHO R6-23（紫）

ストレートS
1542（14）

パデッドローズバッド
小さい実は中に
コロニアルノットSや
ビーズを入れない

バックS
DMC（580）
1本取り

パデッドローズバッド
1540-3.5 mm（556）
25番刺繍糸でコロニアルノットS
を刺した上にずらして2～3回刺す

パデッドローズバッド
1540-3.5 mm（366）
グリーンのビーズで芯を作り
その上に少しずらして3回刺す

バックS
COSMO（686）1本取り

アウトラインS
COSMO（686）2本取り

コロニアルノットステッチの刺し方

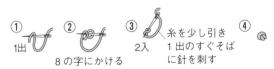

① 1出　② 8の字にかける　③ 2入 糸を少し引き 1出のすぐそば に針を刺す　④

P.49 菊のティーコゼー

材料

本体用布、裏布、キルト綿各55×25cm　幅0.5cmリボン10cm

エンブロイダリーリボンMOKUBA　1540-3.5mm（002、162、252、
401）、1542（4、5、7、9、11）

25番刺繍糸　COSMO（Seasons5012）

出来上がり寸法　20×24cm

作り方のポイント

●表に返す前に縫い代の余分をカットし、カーブ部分の縫い代に切り込みを入れる。

作り方

1. 本体に刺繍をする。
2. 本体と裏布を中表に合わせ、キルト綿を重ねて口を縫う。
3. 本体同士、裏布同士を中表に合わせ、裏布に返し口を残して周囲を縫う。このとき、本体にループをはさむ。
4. 表に返して返し口をとじ、裏布を星止めで押さえる。

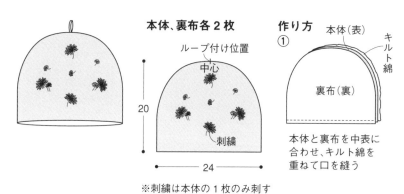

本体、裏布各2枚

ループ付け位置
中心

20

24

刺繍

※刺繍は本体の1枚のみ刺す

作り方

① 本体（表）　キルト綿　裏布（裏）

本体と裏布を中表に合わせ、キルト綿を重ねて口を縫う

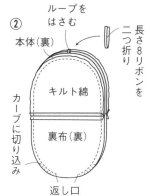

② ループをはさむ　本体（裏）　長さ8リボンを二つ折り

キルト綿　裏布（裏）

カーブに切り込み

返し口

①をひらき、本体同士裏布同士を中表に合わせ、返し口を残して周囲を縫う

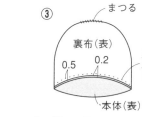

③ まつる　裏布（表）　星止め

0.5　0.2

本体（表）

表に返して返し口をとじ裏布を本体に重ねて0.2cm控えて星止めで押さえる

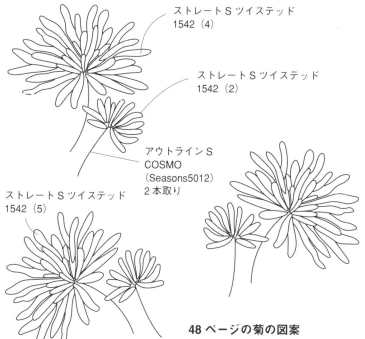

ストレートS ツイステッド
1542（4）

ストレートS ツイステッド
1542（2）

アウトラインS
COSMO
（Seasons5012）
2本取り

ストレートS ツイステッド
1542（5）

48ページの菊の図案

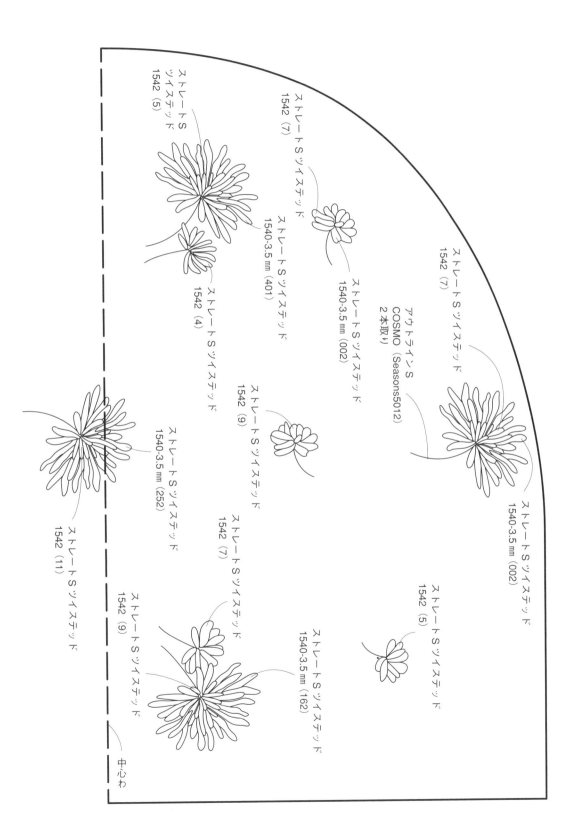

ストレートS ツイステッド
1542 (5)

ストレートS
ツイステッド
1542 (5)

ストレートS
1542 (7)

ストレートS ツイステッド
1540-3.5㎜ (002)

ストレートS ツイステッド
1540-3.5㎜ (401)

ストレートS
1542 (4)

ストレートS
1542 (11)

ストレートS ツイステッド
1540-3.5㎜ (252)

ストレートS
1542 (9)

ストレートS
1542 (7)

ストレートS ツイステッド
1542 (9)

ストレートS
1542 (7)

アウトライン S
COSMO (Seasons5012)
2本取り

ストレートS ツイステッド
1540-3.5㎜ (002)

ストレートS ツイステッド
1540-3.5㎜ (002)

ストレートS ツイステッド
1542 (5)

ストレートS ツイステッド
1540-3.5㎜ (162)

中心わ

107

P.50 ヤドリギ

エンブロイダリーリボンはMOKUBA、25番刺繍糸はCOSMO
実は天然石ホワイトオパール（合成）

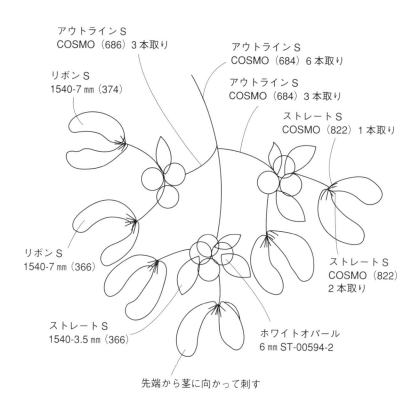

アウトラインS
COSMO（686）3本取り

アウトラインS
COSMO（684）6本取り

リボンS
1540-7 mm（374）

アウトラインS
COSMO（684）3本取り

ストレートS
COSMO（822）1本取り

リボンS
1540-7 mm（366）

ストレートS
COSMO（822）
2本取り

ストレートS
1540-3.5 mm（366）

ホワイトオパール
6 mm ST-00594-2

先端から茎に向かって刺す

P.51 　ミモザとユーカリ

エンブロイダリーリボンはMOKUBA、25番刺繍糸はCOSMO
ポンポンブレードをカットして、ポンポン部分だけを使う

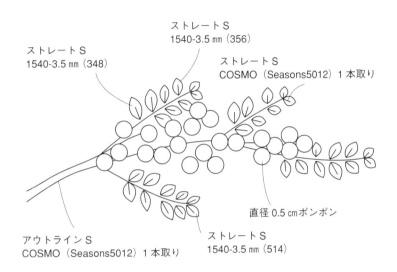

ストレートS
1540-3.5 mm（348）

ストレートS
1540-3.5 mm（356）

ストレートS
COSMO（Seasons5012）1 本取り

直径 0.5 cmポンポン

アウトラインS
COSMO（Seasons5012）1 本取り

ストレートS
1540-3.5 mm（514）

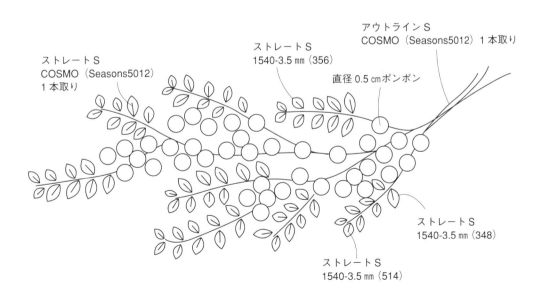

ストレートS
COSMO（Seasons5012）
1 本取り

ストレートS
1540-3.5 mm（356）

アウトラインS
COSMO（Seasons5012）1 本取り

直径 0.5 cmポンポン

ストレートS
1540-3.5 mm（348）

ストレートS
1540-3.5 mm（514）

P.52　ガーランド

エンブロイダリーリボンはMOKUBA、25番刺繍糸はCOSMOとDMC
ビーズはボヘミアンビーズの丸小

バラ　　　　　　一重の花

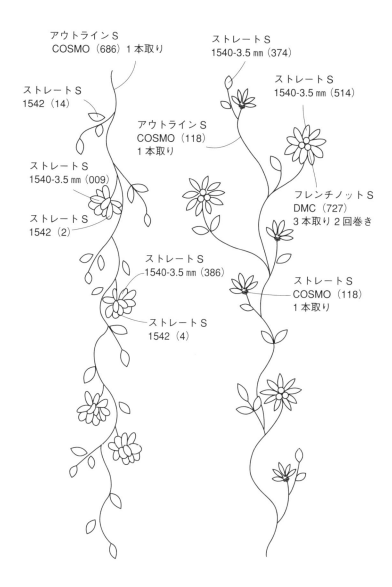

アウトラインS
COSMO（686）1本取り

ストレートS
1540-3.5mm（374）

ストレートS
1542（14）

ストレートS
1540-3.5mm（514）

アウトラインS
COSMO（118）
1本取り

ストレートS
1540-3.5mm（009）

フレンチノットS
DMC（727）
3本取り2回巻き

ストレートS
1542（2）

ストレートS
1540-3.5mm（386）

ストレートS
COSMO（118）
1本取り

ストレートS
1542（4）

葉と枝　　　　　**スミレ**

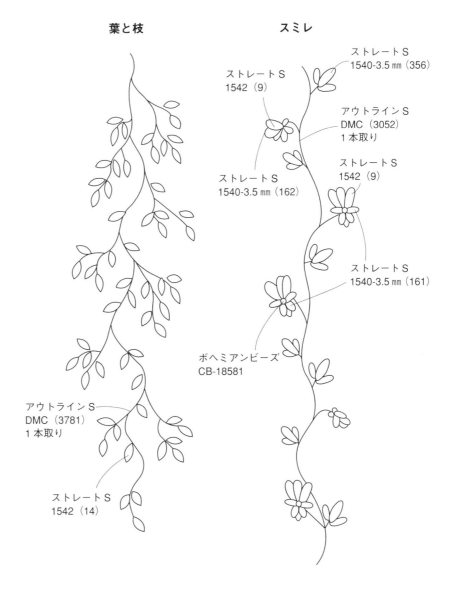

ストレートS
1540-3.5㎜（356）

ストレートS
1542（9）

アウトラインS
DMC（3052）
1本取り

ストレートS
1540-3.5㎜（162）

ストレートS
1542（9）

ストレートS
1540-3.5㎜（161）

ボヘミアンビーズ
CB-18581

アウトラインS
DMC（3781）
1本取り

ストレートS
1542（14）

Profile

林すま子

クラフト作家。2002年の米国在住時に、買い付けたアンティークや小物を販売するネットショップ「Blue Bird Dreams」の運営を開始。その際に現地のクラフトフェアに出展するとともに、日本ではめずらしい手芸に影響を受ける。アメリカ以外にもフランス、イギリス、オーストリアを訪れる中で、ロココ刺繍に興味を持ち、研究を続けてきた。ロココ刺繍だけでなくワックスフラワーやアンティーク風雑貨なども製作。インテリア雑誌やクラフト本への掲載作品多数。
http://www.bluebirddreams.com

参考文献

『THE ROYAL SCHOOL OF NEEDLEWORK BOOK OF NEEDLEWORK AND EMBROIDERY』 Lanto Synge Wm Collins Sons&Co.Ltd 1986
『THE ART OF SILK RIBBON EMBROIDERY』 Judith Baker Montano C&T Publishing 1993
『The Complete Guide to Silk Ribbon Embroidery』 Victoria Adams Brown Watson-Guptill Publications 1996
『18th Century Embroidery Techniques』 Gail Marsh Guild of Master Craftsman Publications Ltd 2012
『手芸百科事典』 パメラ・クラバーン 雄鶏社 1978年
『服飾辞典』 石山 彰 ダヴィッド社 1972年
『フランスの装飾と文様』 城 一夫 パイインターナショナル 2015年
『パリ・アンティーク物語』 山下雅之, 山下映子 東京書籍 1996年
『デパートを発明した夫婦』 鹿島 茂 講談社 1991年
『華麗な革命 ― ロココと新古典の衣裳展』 京都服飾文化研究財団 1989年
『ファッション―18世紀から現代まで 京都服飾文化研究財団コレクション』 監修:深井晃子 編集:周防珠実, ティエリー・ヌボア, ウテ・キーザイヤー タッシェンジャパン 2002年

Staff

デザイン 橘川幹子

撮影 福井裕子

作図 大島幸

編集 恵中綾子 (グラフィック社)

協力 AWABEES
東京都渋谷区千駄ヶ谷 3-50-11
明星ビルディング 5F
tel 03-5786-1600

ロココ刺繍
ロココスタイルのリボン刺繍で描く季節の植物と刺繍小物

2020年4月25日 初版第1刷発行

著 者:林すま子
発行者:長瀬 聡
発行所:株式会社グラフィック社
〒102-0073
東京都千代田区九段北 1-14-17
tel 03-3263-4318 (代表)
03-3263-4579 (編集)
fax 03-3263-5297
郵便振替 00130-6-114345
http://www.graphicsha.co.jp

印刷・製本:図書印刷株式会社